「老害の人」にならないコツ

平松類
医学博士

アスコム

若い人やお年寄りの仲間たちに慕われて
楽しい老後をすごす人。
周りから「老害」と煙たがられて
孤独な老後をすごす人。

あなたは、どちらを選びますか？

最初に質問をします。

【質問1】
この本を手にされているみなさんは、実際はどんな人が老害になるとお考えでしょうか。

①老害は若い人たちがつくった概念。
そもそも老害なんて存在しない

②老害は脳の病気。自分をはじめ普通の人なら大丈夫

③老害は誰でもなるもの。
だから自分もいずれ老害になる可能性がある

この質問はとても簡単だったと思います。

そうです。答えは③です。

①については、実際そういった背景もあるでしょうが、存在しないということはさすがにないですよね。

②のように「普通の人なら大丈夫」とは、つい思ってしまいがちです。しかし、はっきりいいましょう。老害といわれる人は、必ずしも特殊ではないのです。

あるポイントを知らないでいると、悪意もなく、間違った行動もしていないというのに、誰しもが「老害」だと勘違いされてしまう可能性があります。

とはいえ、世の中には老害になる人と、ならない人がいます。

その違いはなんでしょうか。

その疑問に答える前に、もうひとつ質問をしましょう。

【質問2】

次の4つのうちで、老害になりやすい（もしくはなっている）ことを示すサインに当てはまるのはどれでしょうか。

①ついつい「いや」と答えることがある
↓とにかく否定から入ってしまいがち

②気がつくと自分の話をしている。
人の話を聞くのがどちらかというと苦手
↓自分自身のことや自慢話が好き

③いつの間にか大声になっていることがある。
なんでもないことにイラつくことがある
↓性格的にカッとしやすい

④人からほめられても素直に受け取れない
↓自己肯定感が低く、心をこじらせぎみ

「答えはひとつなの？」「ふたつ以上が該当するような……」

そう思った人はいるのではないでしょうか。

なかなか鋭いです。

そう、答えはひとつだけではありません。じつは「①〜④のすべて」が老害の可能性を示唆するサインなのです。裏を返すと、該当していなければ自分は老害ではないかもしれないと考えることができます。

ひとつでも該当したら、あなたは近い将来、老害になるかもしれません。いえ、もしかしたら、すでに周囲から「老害」と思われている可能性があります。

周りから老害と思われていても、意外に気づかないものです。40〜60代の方であっても、ソフト老害やマイルド老害などに認定されているかもしれません。

詳しくは本編で解説しますが、この4つは老害の典型的な傾向です。

複数に該当するようなら、かなり危険と認識してください。

◆どの老害に対しても解決に導くコツは存在する

私は、老害はその人の元来の性格がもたらす「心の癖」だと思っています。

「心の癖」とは、怒りやすい人とか神経質な人とか、そういう生まれつき備わっている行動特性のことです。

もともとの性格や思考を変えることは難しい。というより、ほぼできないと考えたほうがいいでしょう。

でも、「癖」すなわち「行動」は、そこに意識を向けることにより、自分で直すことができます。完璧は無理でも、改善させることはおおいに可能です。


先ほどの【質問2】で取り上げた4つのタイプでいうと、次のようになります。

①なにごとにも否定的な人は、相手を頭ごなしに否定しないように努める。
②自分自身のことや自慢話が好きな人は、人の話をしっかり聞くようにする。
③カッとしやすい性格の人は、相手を怒る前に深呼吸をするなどして、気持ちを落ち着かせるようにする。
④自己肯定感の低い人は、もっと自分の評価を上げて前向きに考えるようにする。

これらを意識するだけで、行動に余裕が出てきます。

行動に余裕が出てくれば、おのずと癖は直っていきます。

ともかく、自分がどういう人間なのかを知ること——それがわかれば、対処はできるはずなのです。

この本では、世の中で実際に起こった〝老害エピソード〟をもとに、ちょっとした解決の「コツ」を紹介していきます。

それに加え、老害といわれる人の周りにいる人たち（家族、友人、部下・後輩など）に向けても、状況をよりよくするための対処法や心構えに関するアドバイスをお伝えする構成にしました。

決して対立の構図をつくらず、老害の人もそうでない人も、みんなで理解を深め合って、良好な関係を築いていこうではありませんか。


なお、この本で取り上げるエピソードにつきましては、当事者のみなさんのプライバシーに配慮して、趣旨が変わらない範囲で内容を加筆しております。

あらかじめご承知おきください。

「早くお風呂に入って」など
家族から日常生活に関する指摘が増えたと感じる人

家族に老害扱いされている可能性があります。
その指摘をないがしろにしていると、「家族の壁」が生まれてしまうでしょう。

最近、部下がこちらに気をつかって
本心を打ち明けてくれていないように感じる人

職場の仲間に老害扱いされている可能性があります。
もう少し、部下の気持ちをくんであげるようにしないと、「仲間の壁」がどんどん厚みを増していってしまうでしょう。

スーパーやコンビニの店員さんの態度が気に入らないと思うことが多い人

周りの人に老害扱いされている可能性があります。実際に口にして注意しようものなら、店員さんやほかのお客さんから老害視されることはほぼ確実です。自分は絶対に正しいという姿勢を貫けば貫くほど、「社会の壁」があちこちに生じることになってしまうでしょう。

思い当たる人は、すでに老害の仲間入りをしているとお考えください。老害になってしまう素質――いうなれば〝老害力〟は大なり小なり誰にも備わっています。

そのままほったらかしにしておいたら〝老害レベル〟はどんどん上がり、あなたのことを老害と認識する人が、さらに増えることになりかねません。

そう思われたくなかったら、なんらかの一手を講じる必要があります。

老害とは何か。
なぜ老害になってしまうのか。
老害にならないためにはどうすればいいか。
老害から抜け出すためには何をすればいいか。

その答え（すなわち〝老害力〟を抑えて〝老害レベル〟を下げる方法）を、この本でわかりやすく、ていねいに説明しています。気になる人は、ぜひ最後までご覧になってください。

◆老害乱立時代に終止符を打つために

そして、本編に入る前に声を大にして強調しておきたいことがあります。

私は「老害＝悪」とはまったく思っていません。

老害は、年をとれば大半の人がなるものであり、いわば個性であり、理解を深めれば思いのほか害にならないものだからです。

先ほども少し触れましたが、最近「ソフト老害」という言葉が流行っていることをご存じでしょうか。

これは、「上の人のプライドを傷つけず、下の世代の人の意見をうまいことまとめたつもりでも、下の世代から見たらその行動がかえって老害に見えること」を意味するそうです。

つまり今は、年上の行動を「老害」とするだけではなく、年上の人を敬《うやま》うことまでもが「老害」かのようにレッテルを貼られる時代になったということです。

さらに、40〜60代前半の老害予備軍といえるような行動をとる人たちのことを「マイルド老害」と呼ぶなど、派生的に「老害」が使用されるケースも多くなってきています。
そのうち、老害をタイプ別に分類する次のような表現が使われるようになってもおかしくないでしょう。

物忘れが多くなって周りに手間をかけさせてしまう「うっかり老害」
すぐに怒って態度に表したり大声を出したりする「逆ギレ老害」
よかれと思いながら他人の嫌がることをしてしまう「勘違い老害」
いつまでたっても昔の価値観を変えることのできない「昭和脳老害」
正しいと信じて疑わない自分の信念を相手に押しつける「英雄気取り老害」

さらにさらに、Z世代を中心とした若者たちは、もしかしたら次のような表現をすでに使っているかもしれません。

「あたおか老害」　※あたおか＝頭がおかしいの略
「メンヘラ老害」　※メンヘラ＝メンタルヘルス（心の健康）の略で、心になんらかの問題を抱えている人の意
「コミュ障老害」　※コミュ障＝コミュニケーション障害の略
「レベチ老害」　※レベチ＝レベルが違う（程度が甚だしい）の略

これらはすべて私の想像、創作によるものですが、老害をとりまく世の中の現状を鑑みると、あながち的外れな指摘ではないような気もします。

このように、なんでもかんでも老害とする風潮、おかしくありませんか。

これもある種のハラスメントと考えるので、私は「老いハラ」という名前をつけることにしました。

実際に害になっている高齢者はいますし、昔の感覚を嫌がる若者がいるのも事実ですが、手当たり次第に「老害」と叫んで排除しようとするのはいかがなもの

でしょう。

こんな現状を受け、私は「老いハラ」をなくし、高齢者と若い世代がうまく共生できる社会をつくり上げられないものかと考え、この本を執筆しました。


この本でご提案する問題解決のコツは、ひたすら我慢をするとか、若者に迎合するとか、生き方自体を変えるとか、そういうたぐいのものではありません。

あなたが老害と勘違いされないためのコツを知っていただくことと、他者との壁を取り払っていただくことを目指しています。

難しいことはないので、できることから着手していきましょう。

この本を通じて、老害トラブルから抜け出せる人が、一人でも多くなることを願っています。

「老害の人」にならないコツ◉目次

第3章 「老害」にならないために必要なこととは

第5章 仲間の壁　何が友人や知人との距離を遠くするのか

親しさは距離感を詰める理由にはならない

この世には相手に嫌がられる親切も存在する

自信を持つのは悪くないが出しすぎには注意

第6章

社会の壁　あなたの生きづらさを加速させるもの

移り変わる一般常識を知るたびに老害レベルが下がる

第1章

こうして人は「老害」になっていく

◆90代の人が自分を年寄りと思っていない現実

A「消防団の大先輩のYさん、いっつもおんなじ話をしてくるのよ。しかも、お決まりの武勇伝。いったい何回聞けばいいんだよって話。根は悪くない人なんだけどなぁ」

B「わかるわかる。いるよね、その手の人。マジで老害」

A「飲み会とかで、隣になったときがつらい（苦笑）」

B「うわー、想像できる。そういう年寄りにはなりたくないわ」

20〜30代を想定した、巷《ちまた》の若者の架空の会話を書いてみました。

みなさんがどこまで把握されているかはわかりませんが、**男女を問わず、若者たちはこのような話を頻繁にしています。**

ショックでしょうか。

「お前たちは何もわかっていない！」と思われるでしょうか。

いずれにせよ、**下の世代がそのように感じ、同世代間で同じ認識を共有していることは事実**です。

実際に、同じ話を何度もくり返す高齢者はたくさんいます。

なぜ、このようなことが起こるのか。

どうして、世代の違いが認識の違いを生むのか。

最初に、その理由を説明していきましょう。


大前提になるのは、**年をとったと自覚していない高齢者が、非常に多い**ということです。

「年をとったらこうなる」という具体的なイメージを持っている人は、ほとんどいないといってもいいでしょう。

自覚があるのは老眼になったことくらいでしょうか。あとは、足腰が少し弱くなってきたこととか……。

本当にその程度です。

だから、いつまでも若いつもりでいますし、老けたとも実感していません。**当然、自分のことを老害とは思っていないですし、さらにいえば、高齢者という認識すらありません**。

これはみなさんの老害力を下支えしている、典型的な要素のひとつです。

私の患者さんに、こんな人がいました。

90代の男性で、日常生活において自転車に乗ることを懸念されていました。視力に問題はないものの、ちょっと乗るのが億劫になってきたと。

私は補助輪のようなものが付いている高齢者用の自転車の存在を紹介し、それに乗ることを提案しました。

高齢者扱いされることに
怒っていたらきりがない！

いつまでも若々しい気持ちでいるのはいいことだが、加齢による体の変化はしっかりと自覚し、受けとめることが大切。さもないとトラブルのもとに。

すると、激昂《げっこう》してこう言うのです。

「そんなものは、年寄りが乗るもんだ！」

くり返しますが、この声の主は90代です。

これが典型例であり、ある種の現実なのです。

◆老化は誰にも起こる変化＝つまり悪ではない！

人間は等しく年をとります。

年をとれば、体中のあらゆる部分が変化していきます。耳が聞こえにくくなったり、目が見えづらくなったり。

これは自然のことで、誰にでも起こることです。だから気に病むことはありませんし、無理に抗《あらが》う必要もありません。

もっとポジティブにとらえましょう。だから私は「衰え」ではなく、ここではあえて「変化」と表現しました。

もうひとつ、ポイントとして挙げておきたいのは、体力、記憶力、五感などは「おしなべて落ちる」とイメージしている高齢者が多いということです。すぐに疲れたり、物忘れが多くなったり、耳が聞こえにくくなったりということは、どれもが並行して進んでいくと思っています。

しかし**実際には個人差があって、進行度合いはばらばら**なんですよね。**落ちる部分とそれほど落ちない部分が混在**しています。

いうなれば、でこぼこの状態です。

すると老害と思われがちな人は、あまり落ちていない部分（例えば、聴力）を基準にして、「いやいや、自分はまだまだ耳が聞こえるから大丈夫」となります。

明らかに歩くのが遅くなっていても、視力が低下していても、そこに意識を向けようとはしません。

というより、**聴力が落ちていないことに引っ張られるかたちで、それ以外の部分が落ちていることに気づけていない**のです。

一方、若者は落ちている部分を基準に判断します。

だから、高齢者が「自分はまだまだ若い」と思っている姿勢に眉をひそめ、「どれもこれも、全然ダメじゃん」となるのです。

この感覚のズレが、「老害」という概念を生む温床になります。

◆高齢者が同じ話を何度もくり返してしまう本当の理由

先ほど紹介した消防団の大先輩Yさんのように、同じ武勇伝をくり返し話す高齢者は大勢います。

理由を説明しましょう。

まず、**人間は加齢によって記憶力が低下していきます。**50代から始まり、60〜70代でピークを迎えるのが一般的なパターンです（※1）。ただし、**低下する記憶力と、あまり低下しない記憶力があります。**20代前後の記憶は残りやすく、昔の話はなかなか忘れません。**長期的な記憶は、短期的に新しく入れた記憶よりも色褪せにくい**といわれています。

また、**過去の記憶は嫌なことから消えていき、いいことは残りやすい**という研究結果もあります（このあたりの記憶のメカニズムについては、第5章のP158〜170で詳しく解説しています）。

これらが、老害力を上げる要因になっているとお考えください。

例えばYさんの場合、1〜2カ月前の飲み会で何をテーマに話したかは忘れてしまっていても、そこで話した大昔の体験の内容はしっかり覚えているのです。

武勇伝などの自慢話が多くなるのは、嫌な記憶ほど忘れやすく、いい記憶は残りやすいという人間の特性によります。

だから、若者に過去の武勇伝を話したことは忘れてしまっている（あるいは曖昧になっている）にもかかわらず、その武勇伝の内容は鮮明に記憶されているため、何度もその話題に触れるという現象が起こるのです。


若者たちからすれば、老害的行動かもしれませんが、そこにはやむを得ず起こる理由が存在するということを、理解しなければならないでしょう。

Yさんはただただ武勇伝をひけらかしたいのではありません。**ちゃんと覚えていて、なおかつ話題にしやすい話を持ち出すことが、結果的に同じ話のくり返しになり、周囲には〝お決まりの自慢話〟に聞こえてしまうだけ**なのです。

◆同世代の仲間の変化が教えてくれる怖い可能性

ここでひとつ注意したいのは、**「老害」という概念は、イコール世代間ギャップではない**ということです。

この本の読者の方には、世界保健機関（ＷＨＯ）が定義する「高齢者＝65歳以上の人」も多いかと思います。

あなたと同世代の配偶者、親戚、友人、同僚、社会コミュニティの仲間などに、「もうろくしてきたな」とか、「年をとって頑固になった」などと切に感じる人はいないでしょうか。

それは、あなたがその人のことを「老害」認定しているのと同義になります。**人間というものは、自分の体の機能低下にはなかなか気づけない一方、他人の変化にはよく気づくもの**ですからね。

つまりこれは、あなたも同世代の**他人から「老害」とみなされている可能性もある**ということを意味します。

この構図が、時にやっかいな状況を生んでしまうのです。

「○○さんも年をとったよな。以前はそんなことしなかったよ（笑）」

同世代の友人から、冗談っぽくこんなことを言われたシーンを想像してみてください。おそらく、「あなたほどではないよ」と心の中で思ったり、「いやいや、あなたのほうがひどいよ」と言い返したくなったりするでしょう。

このときの対応次第では、結果的にもめ事に発展したり、最悪の場合は絶縁したりということにつながりかねません。

下の世代とは、そもそもかかわる機会が少ないため、溝を埋める努力をしなくても生活に支障はないかもしれませんが、同世代と溝ができてしまったら、そうはいかないでしょう。

年齢を重ねると、参加しているコミュニティが少なくなり、友人関係や仲間関係もかなり限定されてきます。

同世代の人を「老害」と思ったこと、ありませんか？

「老害」が、若い人たちだけが持つ概念かと思ったら大間違い。同世代間ほど誤解や齟齬が生まれやすく、いつの間にか相手と距離ができることも。

このように、身体的な機能低下が原因で、コミュニティ内のメンバーとの認識になんらかの齟齬《そご》が生じることは、できれば避けたいですよね。

そのコミュニティからはじき出されてしまったら、精神的に大きなダメージを受けるでしょう。

同世代だから、お互い気持ちをわかってくれている――これは大きな間違いです。高齢者ほど、同世代間に誤解や齟齬が生まれやすいことを、念頭に置いておくようにしましょう。

これはこの本の冒頭でもお伝えしましたが、年をとると誰もが「老害」と言われるようになる可能性があるということに、気づき、受けとめる姿勢になることが何よりも大切です。

「自分はまだまだ若いから大丈夫」

これは禁句と考えてください。

老害力は誰にでも備わっており、加齢とともに老害レベルが上がっていくということを、決して忘れないようにしましょう。

老化は何も悪いことではありません。それをどうとらえ、どう対処していくかによって、あなたの人生は大きく変わっていくのです。

行動ひとつで、若い世代からも、同世代からも、きっと老害とは思われなくなるでしょう。

◆若いころの行いによって老害レベルが見える!

誰もが老害になる可能性があるということは、冒頭から再三述べてきましたが、もちろんそれは一律同じではなく、なりやすい人とそうでない人がいます。

その違い、知りたいですよね。

これについては第3章で詳述しますが、要点を先に簡単にお伝えしておきます。**エビデンスがしっかりしているわけではなく、あくまで私の経験にもとづく結論**ですので、その点はあらかじめご承知おきください。

ですが、だいたい合っていると思います。

まず、**若いころから対人トラブルをよく起こしてきた人は、老害になりやすい**です。とくに、性格がせっかちだったり、怒りっぽかったり、神経質だったりすると、その傾向は強くなります。

あと、正義感の強すぎる人も、ここに含まれますね。

年をとると感情的になりやすくなり、このタイプの人たちは相手の行動が気に入らなかったり、間違っていたりすると感じると、すぐに態度や口に出してしまうからです。

年齢を重ねて、もともと持っている性格が先鋭化してしまうんですよね。

自分では「このタイプには該当しない」と思っていても、**若いころに誰かと口論をしたり、お店のスタッフや会社の部下を一方的に注意したり、というような経験に心当たりのある人は要注意**です。

自分は高いレベルの老害力を秘めていることを認め、警戒を怠らないようにしましょう。

◆男性よりも女性の「老害」が少ないのにはワケがあった！

性別で見ると、「老害」と呼ばれるのは女性よりも男性のほうが圧倒的に多いことは間違いありません。

おそらく、男性のほうが何かにつけてプライドが高く、「他人の目」を気にするからでしょう。

いい格好をしたい。あるいは、馬鹿にされたくない。そういう思いが、すぐにクレームをつけるなど、老害的行動をとる元凶になります。

女性よりも男性に多いというのは、おそらくみなさんの認識と一致するのではないでしょうか。

体感的に、誰もがそういう印象を持っていると思います。

私はこの背景に、女性の恐れ知らずなところが男性よりも社会的に許されやすい風潮があることが、大きく影響していると考えます。

懐かしい言葉でいうと、「オバタリアン」がその象徴です。**なぜか、中高年女性の〝痛い行動〟は許容される土壌がある**んですよね。

だから女性の場合、大きな老害トラブルになりにくい（逆にいうと男性のほうがなりやすい）のではないでしょうか。

とはいっても当然、**女性にも老害とみなされる人はいます**。

お店のスタッフにクレームを入れる場合、男性は大声でまくし立てるタイプが多いですが、それに対し**女性は粘着質といいますか、時間をかけて同じ主張を続けるタイプが目立ちます**。

男性に多いのは精神的に圧をかける老害のパターン。

女性に多いのは相手の時間を奪う老害のパターン。

同じシチュエーションでも、このような質の違いがあるという印象です。

あくまでこれは私見であり、平均的な話になりますが。

◆現役時代の職種から導きだされる「老害」の意外な共通点

もうひとつ、「とても個人的な経験上の話」という前置きをしつつ、取り上げておきたいのは、**現役時代に「先生」と呼ばれる職業に就いていた人は、若い世代からも同世代からも、老害扱いされやすい気がします**。

教師、医師、弁護士（をはじめとする士業）、政治家などがそうです。

もちろん、全員が全員ではありません。もろに該当する読者は、気を悪くしないでください。

全体的な話として、日々多くの高齢者に接している身として、そういう傾向があると感じるのです。

なぜ「先生」と呼ばれていた人（おそらく今も呼ばれている人）は、老害になりやすいのか。

私が考える理由は、優秀な人が多いからです。

小さいころから勉強ができて、ものごとを論理的に説明でき、豊富な知識を持っていて、周りから敬《うやま》われてきた人が大半を占めるでしょう。そしてその経験が、自信と有能感を生みます。

それは決して悪いことではありませんが、万能ではありません。どなたにも、得意分野と不得意分野があります。

にもかかわらず、「自分はたいていのことは知っている」となりがちなのです。それがエスカレートすると、必要以上に自分の持っている知識をアピールしたり、誰彼構わず教えてあげようとしたりすることにつながり、その行動が老害力をさらに高めてしまうのです。

私も〝元先生〟の患者さんを多く診てきましたが、なかにはこちらが説明するのをさえぎって、「けっきょく、こういうことですよね」と先に結論を述べようとする人がいます。

あたかも医学的な知識があるかのようにふるまうのですが、間違っていたり、論理破綻していたりして、対応に困ることもしばしばです。

私がこういう患者さんを老害扱いすることはありませんが、場所と相手が変われば、そうみなされてしまうこともあるでしょう。

重ね重ね断っておきますが、「先生」と呼ばれる職業に就いていた人は、全員が危険な老害予備軍であるといいたいわけではありません。

読者のみなさんにとって興味深い話になると思ったので、経験上そういう傾向がありますよ、ということを、こぼれ話的に紹介させていただきました。

◆このような兆候が見られはじめたら老害注意報発令！

「私は温厚な性格だし、女性だし、元先生でもない。だから心配する必要はないわね」

ここまで読み進めてきて、このように思った人もいるでしょう。

でも、油断はしないでください。この第1章の後半でお伝えしてきた老害の共通点は、顕著な傾向がみられる例にすぎません。

これらがすべてではなく、その人の属性、人間関係、シチュエーション、行動などを細分化していけば、**温厚な性格の人でも、女性でも、元先生でなくても、老害認定される可能性はおおいにあります。**

そこで、あなたが老害化する（もしくはすでに老害になっている）可能性を測る、簡単なチェックリストを用意しました（P50）。**該当する項目が多ければ多いほど、危険（＝老害レベルが高い）と判断してください。なんらかの対策を講じないと、周囲の人と良好な人間関係を築くのが難しくなります。**

これに続く第2章、第3章で老害の実態と詳細なメカニズムを解説し、第4章以降では実際にあったエピソードを交えながら、問題を解決に導く〝コツ〟を紹介しています。

「あ、自分はヤバいかも」と思った人はもちろん、そうでない人も一定以上の年齢になったら誰もが老害になるかもしれないので、他人事ではなく自分事として読み進めていっていただけると幸いです。

ひとつでも該当したら危機意識を！
～老害化チェックリスト～

チェック	カテゴリー	内容	該当する人は……
□	① 視覚	最近本や新聞を読むのが億劫になってきた	情報の入手が減り、多様性が低下している可能性があります
□	② 聴覚	テレビの音量を前より上げている。聞き返すことが増えた	人との会話力が低下し、聞いたふりをすることが増加している可能性があります
□	③ 嗅覚	最近においを嗅いだ記憶がない（例えば金木犀の香りを忘れた）	嗅覚の繊細さが低下している可能性があります
□	④ 味覚	醤油をたくさんかけるようになった。濃い味つけを好むようになった	味覚がずれてきたことにより家族と衝突する可能性があります
□	⑤ 触覚	前より洋服の素材にこだわるようになった。ビニール袋がスムーズに開けられなくなってきた	皮膚の乾燥が進んで小銭など小さいものの取り扱いが難しくなっている可能性があります
□	⑥ 記憶	最近の若者は恵まれていると思う。自分が若いころは今より大変だったし、努力をしていたと思う。「あれ・これ・それ」を口にすることが増えた	都合よく記憶を改ざんしている可能性があります
□	⑦ 新規性	スマートフォンではなく従来の携帯電話を使っている	新しいものを取り入れにくくなっている可能性があります
□	⑧ 固定化	新しいことをここ３年始めていない	趣味などの多様性が低下している可能性があります
□	⑨ 移動性	買い物に行く回数が減ってきた	体力が低下している可能性があります
□	⑩ 加齢	自分は同年代より若いほうだと思う	年齢を甘く見積もって周りに迷惑をかけている可能性があります
□	⑪ 睡眠	夜中に起きることが増えた	睡眠のリズムが崩れて家族に迷惑をかけている可能性があります

第2章

「老害」の何が悪いのか

◆老害激増の裏にひそむ広範囲にわたる理由

「口をついて出てくるのは、パワハラかセクハラまがいの発言ばかりでドン引きするよ。あの人は正真正銘の老害だよね」

「職場の上司を見ていて毎日思います。自分は絶対に老害になりたくないと」

「自分が老害だって気づいていないことが、何よりも老害なんですよね。なんで年寄りはみんなそうなんでしょう」

「○○さんは、どう見ても老害よね。私、○○さんと年がひとつしか変わらないのよ。若い人たちから同じような目で見られていたら嫌だわ」

全国津々浦々、明けても暮れてもこのような会話が聞こえてくるのが、今の日本社会です。

老害、老害、老害。どこにいっても老害。

感覚が麻痺してきそうなくらい、世の中では老害という言葉が頻繁に使われています。

いったいどうして、このような状況になったのでしょうか。

老害とはそもそも、ベテランが若返りすべき時期がきているのに、「企業や政党などで居座ることによってそれができない状態」のことを意味します。

対象となるのは、組織や団体における一定以上の地位にある人であり、すべての高齢者に対して使う言葉ではありませんでした。

読者のみなさんの若いころを思い出してみてください。「老害」という言葉が使われたとしても、それほど頻繁ではなかったし、使われるシチュエーションも限られていたと思います。

しかし時代は流れ、いつしか使用頻度も意味合いも、別のものになってしまいました。

現在は一般的に、「他人の意見を聞かずに時代遅れの持論を周囲に押しつける高齢者」という意味で「老害」という言葉が用いられています。

転じて、「高齢者は邪魔な存在」ということをアピールするために、乱用されるようになった感があります。

要は都合よく、高齢者の問題をひとまとめに「老害」で片づけるような社会になったということです。

若者がいい場合に対しても、悪い場合に対しても、なんでもかんでも「ヤバい」を使うように、「老害」もいかにようにも解釈できる使われ方が増えてきたのではないかという気がします。

それに加え、**単純に少子高齢化によって高齢者の割合が多くなったことで、そ**

の行動が目立つようになってきていることも、「老害」が増えている理由として挙げられるでしょう。

例えば、高齢ドライバーによる交通事故に関していうと、発生「率」はひと昔前に比べ大幅に減りました(※1)。75歳以上の事故率は、平成21年ごろには13・0%(免許人口10万人あたり)だったものが令和1年には6・9%と、半分近くになっています。

75歳以上の人が免許を更新する際、認知機能検査や運転技能検査が義務づけられるようになったことが、大きく影響していることは論をまちません。自主的に免許を返納する高齢者も増えてきました。

ところが、ニュースでは発生「数」ベースで報道されます。高齢の免許保有者数が324万人から583万人と増えているため、事故が多いと感じてしまうのです。

高齢者自体が増えてきているのだから、事故の「数」が増えるのはあたりまえのこと。にもかかわらず、「率」のことにはほとんど言及せず、事故を起こす高齢ドライバーを悪者扱いしているのです。

マスコミが、老害増加の片棒を担《かつ》いでいる面があることは否めないでしょう。これぞまさに、老いた人に対するハラスメント。老人いじめともいえる「老いハラ」の典型例ですよね。

◆こんな世の中にした責任は個人ではなく社会にある⁉

老害が増えてきている理由はまだまだあります。

社会変化によって、高齢者の知見が求められなくなった点も大きいです。

以前は高齢者の経験や知識に希少性がありましたが、コンピュータをはじめ、ありとあらゆる分野で技術革新が進み、ベテランが持っている知識やノウハウが、通用しづらくなってきました。

そして、その変化についていけない高齢者は「新しいものに疎《うと》い老害」とみなされる風潮があります。

ある意味、**技術が進歩するほど老害が増えていく社会構図になっている**のです。**社会保障費の上昇が取りざたされ、高齢者が「若者の負担増加の犯人」とされている点も見逃せない**でしょう。

これは少子高齢化と社会制度自体の問題であり、決して高齢者が悪いわけではない。にもかかわらず、老いハラの嵐は吹きやみません。

我が国の戦後復興と経済発展に尽力してきた人がほとんどなのに、どうして年をとっただけで老害扱いされなければならないのでしょう。

人々の心に余裕のない社会になってしまったこと――これもまた、老害増加の背景にある問題だと思います。

高齢者と接する機会の少ない人が多くなってきていることも、関係しているでしょうね。

日本は諸外国に比べ、別居している高齢者との接触頻度が低いことがわかっています。内閣府の平成23年度の高齢社会白書（全体版）によると、高齢者と接触するのが月に1～2回以下の割合が、アメリカの18・6％、韓国の38・2％に対し、日本は48・1％だそうです。

また、子どもとの同居率も低下しており、1980年に約70％だったのが、2015年には約40％までになりました。

高齢者と接することがなければ、お年寄りならではの特性を理解したり、上手にコミュニケーションを図ったり、ということが難しくなります。

つまりは、高齢者はよくわからない存在であり、理解できない存在であり、だからこそ「老害」とみなしてしまうということなのです。

手当たり次第に「老害」とする風潮は、いわゆる同調圧力によって生まれたも

さまざまな世代が盛んに交流すれば老害は減る!?

日本
諸外国に比べるとかなり
少ない!
別居する高齢者と会う頻度
アメリカ
頻繁に訪問するという人が
多い!
Hi!

日本は諸外国に比べ、高齢者と接する機会が少ないのが特徴。お年寄りへの理解が乏しいことも、「老害」を増やす要因になっているかもしれない。

のと考えていいでしょう。

老害が増えているのは、若者のせいでも、ましてや高齢者自身のせいでもなく、偏見と無理解に満ちた、今の日本社会のせいなのです。

◆現実に即したオリジナルの「老害」の定義とは

では実際に、害のある高齢者は増えてきているのでしょうか。

私はそうは思いません。

社会がそう認識しているだけの話であり、**高齢者に対する理解を深め、見方を変えれば、なんら害には当たらない例も多い**と考えられるからです。

年をとることによって起こる身体変化に端を発する行動を老害とみなしていたら、それは単なる差別（老いハラ）でしかないでしょう。

若者に迷惑をかけるつもりはなく、親切心でやっているケースもたくさんありますしね。

だから高齢者のみなさんは、必要以上に気にしなくていい――これがひとつの結論になります。

とはいえ、害になっている高齢者が一人もいないわけではありませんし、とらえ方はどうあれ、「老害」という言葉が一般的に、それもものすごい頻度で使われていることは事実です。

だから私は、この本においては「老害」を次のように定義することにしました。

「加齢変化に気づかずに生活することによって、他人と齟齬《そご》が生まれること」

これが「老害」です。

それを踏まえたうえで、他人との「齟齬＝ズレ」が生まれないようにするためにはどうしたらいいいか。

それを突き詰めて考え、解決のコツを紹介するのがこの本なのです。

この**他人との間に生じたちょっとしたズレをそのままにしておくと、さまざまな問題を引き起こし、いつしかそこには大きな壁が発生してしまいます**。
そして、この壁を取りはらわないと、ずっと老害視されることになりますし、敬遠される度合いもどんどん上がっていきます。

壁の種類はおもに3つ。相手との距離感によって、その性格は変わります。

具体的にいうと、**「家族の壁」「仲間の壁」「社会の壁」**です。

関係性を原則的に絶つことができない相手（家族）との壁。

他人とのズレを感じたら、ほったらかしにしない

他人に勘違いされたまま放っておくと、「老害」とみなされ、大きな壁が生まれる可能性を高めてしまう。それを回避するためのコツを知ろう。

関係性を絶たれると困ったり、つらくなったりする相手（仲間）との壁。
一時的に関係性が生まれる不特定多数の相手（社会）との壁。

それぞれ、壁の壊し方、すなわち老害にならないコツが変わってきます。それを、第4〜6章でていねいに解説していますので、後ほどじっくりご覧になってください。

加齢変化（＝老害レベルの上昇）が起こるのは当然のことですし、それを悪いことと考える必要もありません。

あなたは悪くないのです。**間違ってもいない**のです。

それでも**「老害」と言われるのは、ただ勘違いされているだけ**なのです。

その点が解消されれば、疎まれるようなことはなくなり、もっと大切にしてもらえるようになるでしょう。

あなたの価値に、みんながもっと気づいてくれるでしょう。

◆モテる高齢者たちに隠された秘密

事実、**世の中には他人との間に壁をつくらずに、良好な関係を築くことができている高齢者はいます。**

意識的なのか、あるいは無意識のうちなのか、いずれにせよ、老害と思われない行動をふだんからとれているのです。

もともと備わっている老害力を、うまくセーブできていると言い換えることもできるでしょう。

年齢を重ねると、やむを得ず機能が低下する能力もあれば、ほとんど低下しない能力もあります。

例えば、記憶力は全般的に落ちていても、豊富な経験が織りなすいわゆる集合的知識には長《た》けている、といったケースなどがそれに当てはまります。

そこに価値を見いだしてもらうことができれば、老害扱いされないどころか、若者から重宝され、「すごいですね」と言ってもらえることもあるのです。

それができている人は、自分の長所や需要をしっかり心得、うまく活用できているのだと思います。

異性や同世代だけでなく、同性や下の世代の人たちからやたらと好かれる人も、おそらくコツをわかっているはずです。

いくつになってもモテるおばあちゃんにおじいちゃん。

あなたの周りにも、思い当たる人がいるのではないでしょうか。

その逆に、年齢を重ねるにしたがって、周りから人が減っていってしまうタイプの人もいます。

どちらになりたいかと聞かれたら、当然、前者を選びたくなるでしょう。

モテる要素としておもに取り上げられるのは、たいてい容姿、性格、経済力といったところですが、高齢者の場合はその限りではありません。

もちろん、イケメンおじいちゃんやキレイなおばあちゃん、優しい人やお金持ちの人はモテるでしょうが、それ以外にもっと大事なポイントがあります。

それは、周囲の人たちとの間に壁をつくっていないことです。

モテる高齢者の多くは、家族に対しても、仲間に対しても、社会に対しても、壁をつくらずに良好な関係を築いています。

壁があっても、少なかったり、薄かったりするので、大勢には影響しません。

では、どうしたらモテるのか。

そして、老害とみなされなくなるのか。

気になりますよね。人間、いくつになってもモテたいものですから。

その答えは、続く第3章で詳しく説明しています。後ほど、しっかりチェックしてください。

◆高齢者の「やる気」をめぐるやむなき実情

老害と思われないためには、周囲の人たちとの間に壁をつくらないこと、および壁がある場合はそれを取りはらうことが大切――このことはおおいに理解できたでしょう。

でも、それがわかったところで、スムーズに次のステップに移行できるとは限りません。

なぜなら、**人間は年をとると「やる気」が出なくなる**からです。

これもまた、老害力を増長させている一因になっている気がします。

高齢になると、なぜ「やる気」が出なくなるのでしょう。

その理由は、おもに3つ挙げることができます。

まず、**人間は変化を好まない**からです。

例えば、太っている人はつねに「ダイエットをしよう」と思っていたり、実際にそれを口にしたりしますよね。

でも、実行に移せる人はほとんどいません。なぜなら、太っていてもすぐには死なない（少なくとも、昨日死なずに今日生きている）からです。

そうすると、人間は本能的に「現状を維持するほうが安全」と考えます。

これが、元来備わっているメカニズムです。

そして**高齢になると、何かを変えることはリスクの増加にもつながるので、現状維持によりいっそうこだわるようになります。**

加齢変化にともない脳の容量がだんだん減ってくるので、急に海外に引っ越すなどの大きな環境負荷があると、認知症になったり、不慣れなことをして足腰を

痛めたり、といったことにつながります。(※2)

だから、おのずと変化を避けるようになるのです。

人間だけでなく、この世に存在する生物（自然）は基本的に変化を好みません。変化するということは、これまで必要とされてこなかったエネルギーをよけいに使うことになりますからね。

高齢になるとやる気が出なくなる理由として次に挙げられるのは、「やらなければいけない」という社会的プレッシャーが減ることです。

若いころは「お金を稼ぐために」とか「家族のために」とか、さまざまな理由によって変わらざるを得ない場面に遭遇するものですが、高齢者はそういうシチュエーションからは縁遠くなります。

子どもや孫に手がかからなくなり、仕事も定年退職し、貯蓄もそれなりにあり、年金があれば生活に困らないという人が、積極的に新たなことを始める気にはならないでしょう。

「現状維持でＯＫ」という姿勢が、やる気を低減させるのです。

そして**最後に挙げられる理由は、やる気を出して何かに取り組んだとしても、得られるメリットが少ない**ということです。

１００歳まで生きると仮定すると、現在が40歳なら残り60年の人生がありますが、今が80歳なら20年しか残されていません。

つまり、**やる気を出して何か利益を生む状況をつくりだしたとしても、一生のうちに得られる利益の総量が若い人たちよりも少なくなる**のです。

「今から何かを始めても遅い。たいして状況は変わらない」

この意識が、やる気をそぐ根源になります。

このように、高齢者がやる気を出すのはとても難しいことなのです。

だから、知らずしらずのうちに壁ができることになり、積極的にその壁を取りはらえなくなります。

「なりたくて老害になっているわけではない」

そう思っている人は多いでしょうが、まさにそのとおりなのです。

人間の体は、年をとると周囲から、なかば自動的に老害と思われてしまいやすくなるようにできているのです。

◆「やる気」の前に立ちはだかる幾多のハードル

高齢者がどうにかしてやる気をみなぎらせることができたとしても、万事ＯＫというわけにはいきません。

新しいことをするのが、年齢的にとにかく億劫になるからです。**その最たる理由は、身体変化が意欲に追いついていけないこと**にあります。

こちらも、主要ファクターを3つ挙げることができるので、それぞれ紹介していきますね。

まず、歩行速度が遅くなるなど、体をスピーディーに動かせなくなることです。新たなことにチャレンジするために、どこかに移動しようとすることを想像してみてください。

高齢になると歩幅が狭くなり、歩く速度が落ちます（※3）。人によっては、若いころに比べ、同じ場所に行くのに倍以上の時間を要するというケースもざらです。

思いどおりに体を動かせないと、精神的にも苦痛ですよね。だからそれをくり返していくうちに、やる気は徐々に失われていくのです。

2つ目の理由は、**時間の進み方が早く感じるようになる**ことです。

高齢になると、若い人よりも時間の進みが倍に感じるようになるといわれています。ストップウォッチを見ずに、60秒カウントしてボタンを押してもらうと、若い人はほぼ60秒前後で止められるのに対し、70代は平均32・11秒、80代は平均28・51秒でストップボタンを押してしまうそうなのです（※4）。

にもかかわらず、**高齢者は行動に時間がかかることから、待てなかったり、焦ってしまったりして、ものごとをうまく進められなくなります**。

その結果、意欲が薄れていってしまうのです。

最後の理由は、**体力（持久力）が低下し、病気になりやすくなる**ことです。

高齢になると、誰でも大なり小なり体に不調を抱えるようになります。

白内障で目が見えにくくなったり、ひざや腰が慢性的に痛くなったり、生活習慣病で食べるものが制限されていたり。**そこに加齢変化による体力の低下が加わると、アクティブに体を動かす気力を保てなくなります**。

以前と同じことができなくなっても落ち込まないように

加齢変化によって、思いどおりに体を動かせなくなるのはあたりまえのこと。それでも、できることはたくさんある。チャレンジ精神を忘れずに。

これが「やりたくてもできない」状況を生みだし、「病気もあるし、今さら新しいことをしなくても」という心境になることは、容易に想像できるでしょう。

◆老害のほったらかしがまねく悲しき未来

もう、おわかりですよね。

高齢者の行動や考えが昔のままでいると「老害」とみなされる（壁ができる）→高齢者は変化を嫌う→変えようと思ってもなかなか変えられない→さらに老害レベルが上がる（壁がぶ厚くなる）。

現代社会の状況は、おのずとこのように進んでいく構図になってしまっているのです。

高齢者がほぼもれなく老害視されるのは、残念ながら必然といえるのです。

ならば、「無理」「仕方がない」と一刀両断して、壁を取りはらう努力をせずに生きていけばいいでしょうか。

なかなか、そういうわけにはいきませんよね。

壁があると、あらゆる場面で不都合が生じ得ます。

避けられたり、相手にされなかったり、ないがしろにされたり。少なくとも、得をするということはないでしょう。

すでに述べたように、**同世代から老害視されて壁ができることもあり、それが孤独を助長する**ことにもなりかねません。

「自分は老害で構わない」と開き直るのは簡単ですが、いいわけがないのです。

自分自身の幸せな老後のためにも、老害化は絶対に避けるべきなのですそうならないためには、老害から脱する（＝老害レベルを下げる）コツを知っておく必要があります。

そして、そのコツを押さえ、最善策を日々着実に実践していけば、いつの間にか壁はなくなり、老害という扱いを受けなくなるでしょう。

◆幸福を呼ぶためのコツは「変化への適応」の積み重ね

くり返しますが、人間は変化を嫌います。

とくに高齢者は何かを変えたり、新たなことに挑戦したりするのが苦手です。

劇的に変えるということには、そもそも無理があります。

だから、**脱老害化のために、老骨に鞭打って自分をドラスティックに変えようとする必要はありません。**

基本は現状維持でOK。行動や思考を、できる範囲で少しずつ変えるようにしていきましょう。

大きく変化する必要はないし　そもそも無理

大きく変えようとしたり、無理をして頑張ったり。それが幸せな未来をつくるとは限らない。「現状維持で問題ない」を基本に、変えるなら少しずつ。

「変える」というよりは、「変化に適応する」と表現したほう**が適当**かもしれません。変化して新しい自分になるのではなく、自分の体が年をとって変わってきた部分に適応していくというイメージです。

例えば、老眼が進んだから老眼鏡を買い替えるとか、歩くのが大変になってきたから杖を使うようにするとか、それと同じとお考えください。

時代の変化に対してもそれは同じです。

ガラケーからスマートフォンに切り替えて、電話だけでなく、メールやＬＩＮＥも使っている人。

インターネットを敬遠していたのに、今ではＹｏｕＴｕｂｅの動画を見るのが日課になっている人。

読者のなかにも、けっこういらっしゃるのではないでしょうか。

すばらしいです。しっかり変化に適応できています。このように、**いきなり全部は無理でも、少しずつなら誰にでもできる**ものなのです。

いざ実践してみて、慣れてきたり、まったく苦にならなかったりしたら、やることを増やしたり、次のステップに進んだりすることを私は推奨しています。

急がなくても大丈夫です。

地道に続けていけば、周囲の人たちとの関係性が以前よりもよくなってきている実感が持てるようになると思います。

変化は苦手でも、**変えたことに対して「よかったな」と感じることができれば、それがひとつの小さな成功体験になり、もっと前に進んでみたいという気持ちになっていく**でしょう。

そこまで到達することができたら、もうしめたものです。

では、実際に何をすればいいか。

どうすれば周囲の人たちとの壁をつくらずに済むのか。

すなわち「老害」扱いされなくなるのか。

その答えは、第3章以降にまとめました。

第3章は全般的な内容をカバーした総論、第4～6章は「家族の壁」「仲間の壁」「社会の壁」を、それぞれいかにして取りはらうかに言及した各論、という構成になっています。

これをやるだけで、なぜか「モテる高齢者になれるコツ」というのがあるので、後半でそれも紹介できればと思います。

第3章

「老害」にならないために必要なこととは

◆その買い物パターンは老害の前兆かもしれない⁉

ここでみなさんに質問をします。次の3つの高齢者の買い物パターンのうち、老害になっている可能性を最も高く示唆しているものはどれでしょうか。

①チラシを逐一チェックして、お買い得な店を選ぶようにしている（そのつど利用する店を変えている）
②家から離れたところにある、品揃えのいい大型スーパーやショッピングモールにクルマで買いに行っている
③家の近所の同じ店を毎回利用している

いかがでしょうか。
「これだ！」とすぐにわかりましたか。

答えを発表する前に、選択肢をひとつずつ掘り下げて考えていきましょう。

①のパターンは、細かいことを気にしている印象を受けます。**いちいち口出ししてくる老害になりそうなタイプかもしれません。**

しかしその一方、しっかり頭を使っているので、脳の老化は抑えられているかもしれないとも考えられます。

②のパターンは、**交通事故を起こしやすい高齢ドライバーにありがちな行動にも見受けられます。自己主張の強すぎる老害という可能性も……。**

ただし、積極的に遠出をするなど、アクティブに行動するのは悪いことではありません。

③のパターンは、**新しいことにチャレンジする様子が感じられません。自分を**

ドラスティックに変える必要はないものの、現状維持にこだわることが老害化を促す要因になるということは、すでに説明したとおりです。

とはいえ、日々たんたんと買い物をこなしている印象で、誰かに嫌がられるような行動をしているとは思えません。

このように、①〜③の選択肢は一長一短です。

どれを答えに選んでも、間違っていない気もするでしょう。

ここでポイントとなるのが、質問文にある「老害になっている可能性を最も高く示唆しているもの」です。

これを重視すると、結論はひとつに絞られます。

では、答えを発表しましょう。

意外なパターンが「老害化」を示唆しているかも……

みなさんの買い物パターンはどれに当てはまるか。もしも答えに該当したら、それは老害化の危険サイン。買い物の方法を見直すことも視野に。

正解は③です。

③で問題視されるのは、買い物中に店員さんにクレームをつけるなどの老害的行動をとっているか否かではありません。

家の近所の同じ店しか利用していないという行動パターンが、加齢による身体変化が著しくなっているかもしれない（すなわち老害化しているかもしれない）ということを示唆している――これが大きな問題なのです。

◆老害化対策の第一歩は自身の変化に「気づく」こと

ここで前章にて紹介した、高齢者に「やる気」が出なくなる3つの理由を確認していきましょう。

「人間（とくに高齢者）は変化を好まない」「社会的プレッシャーが減る」「得られるメリットが少ない」です。

高齢者は変化を好まず、子どものためや自分たちの将来のために節約をする必要性が薄れるから、少しでも安い店にこだわらなくても問題なく、だから近所の同じ店を利用する——③のパターンは、すべての理由に合致します。

続いて、やる気が出たとしても行動に移すのが難しい3つの理由についても、おさらいしていきます。

「体がスピーディーに動かせなくなる」「時間の進み方が遅く感じるようになる」「体力（持久力）が低下し、病気になりやすくなる」です。

歩くのが遅くなったり、体力が低下したりしたら遠くの店に行くのは大変であり、なるべく時間がかからないことを求めるので、近所の同じ店を利用する——③のパターンは、こちらについてもすべての理由に合致します。

そうなのです。③のパターンで買い物するようになったら、老害になる〝地固め〟が完璧にできているといっても過言ではないのです。

みなさんはいかがでしょうか。

自ら老害になっていることには気づきにくいですし、「老いたな」と自覚することもあまりないでしょう。

でも、**このような角度から分析していくと、意外にも老害への道を進んでしまっている自分に気づくということもある**のです。

ここで改めて、P50に掲載した「老害化チェックリスト」を確認してみると、「なるほど」と感じる部分がいくつも出てくると思います。

老害化対策の第一歩は自身の加齢変化に「気づくこと」と、それを「受け入れること」です。

もっといえば、**気づくことができていなくても、ほとんどの高齢者にその下地がありますので、自分がすでに老害になっていることを前提に考えたほうがいい**

ということになります。

何度もいうように、老害は決して特別なものでも、忌み嫌うべきものでもありません。

◆「若くありたい」と「実際に若い」の大きな違い

「そんなことはわかっているし、うすうす気づいている。でも、受け入れたくない」

そういう人もいると思いますので、ここでひとつフォローをしておきます。

いつまでも若くありたいという気持ちを持ち続けることは、悪いことではありません。というよりむしろ、好ましいとさえいえます。なぜかといえば、セルフイメージが実年齢よりも若いと、「生存」にプラスに働くからです。

「自分はもう高齢だから死ぬ」

「自分はまだ若いから死ぬわけがない」

大半の高齢者は、後者のように思っています。**種の生存戦略としてそのほうが**

正しいので、本能的にそういう思考になるようになっているのです。

そして、これは実際の死亡率にも大きく影響しています。

「自分は若くて有能だ」と思っている自己肯定感の高い人のほうが長生きで、「自分なんか価値がない」とネガティブにとらえている人のほうが早く死ぬということが、研究により明らかになっているのです(※1)。

だから、若くありたいと思う高齢者に対して、私は否定するつもりはいっさいありません。

ただし、「若くありたい」と「実際に若い」はまったく異なるものということを、忘れないようにしましょう。

願望として自分の胸の内にとどめておくぶんにはいいのですが、それを外に出すと——すなわち若いつもりで他人と接すると、たちまち認識のズレや齟齬《そご》が生じ、それが壁となり、老害として扱われてしまいます。

老いハラも受けやすくなります。

その点だけは、勘違いしないようにしてください。
若くありたいという高い意識を持つ一方で、自分が老害になっている可能性があることを認め、受け入れ、そのうえで対策をとることが推奨されるのです。

◆どうやったら加齢変化に気づくことができるのか

自身の加齢変化にはなかなか気づきにくい——これは事実ですが、気づきやすいポイントならいくつかあります。

日常生活に当てはめて考えてみましょう。

テレビを見ているとき、リモコンの音量ボタンの「＋」を頻繁に押していないでしょうか。

誰かと会話をしているとき、うまく聞き取れずに聞き返すことは増えてきていないでしょうか。

もしそうであれば、**聴力が落ちてきている**可能性があります。

新聞やスマートフォンの文字を読む際、すぐに疲れたり、読むこと自体がつらくなってきたりしてはいないでしょうか。

「そういうこともあるな」と思ったら、**視力が落ちてきている**可能性があります。

食事をする際、料理の味が薄く感じたり、醤油などの調味料をやたらとかけたりすることはないでしょうか。

心当たりがあれば、**味覚が変わってきている**可能性があります。

買い物をする際、財布から小銭を取り出したり、お札を数えたりするのに、手間取るようなことはないでしょうか。

思い当たるふしがあれば、**肌の乾燥が進み、触覚が鈍くなってきている**可能性があります。

少し歩いただけで、「ふぅー」と大きく息を吐いたり、すぐに座りたくなったりすることはないでしょうか。その兆候が表れてきたら、**体力が低下し、足腰が弱まってきている**可能性があります。

相手と会話をするとき、「誰が」という主語が抜けていたり、「あれ」や「これ」といった指示代名詞を使ったりすることが、多くなってきていないでしょうか(基本的に無意識だと思いますので、過去の会話を思い出してみてください)。

「そういえばそうかもしれない」と思ったら、**記憶を引き出す能力が低下している**可能性があります。

これらはすべて、加齢変化を教えてくれるサインです。

それと同時に、**あなたが老害になるかもしれない（あるいはすでになっている）ことをほのめかしてくれています**。

該当している項目があったら、できるだけ早く〝次の一手〟を打つようにしましょう。

◆有効視野が狭くなると思考の柔軟性までが落ちる

老害問題うんぬんを抜きにして、健康長寿という視点で考えれば、真っ先に状況の改善を図るべきでしょう。

病院に行って耳や目の治療をしたり、薄味でも満足するように食事の工夫をし

加齢変化への気づきなくして脱老害化はなし

年をとるのは悪いことではないし、悲観することでもない。「老害」にならないためには、自分にどんな変化があったのかを知ることが重要。

たり、肌の乾燥を防ぐクリームを塗ったり、適度な運動をしたり、脳トレをしたり、ということです。

もちろんこれらは大事なことであり、老害を脱却するための一助にはなるのですが、根本解決には至りません。

また別の角度から、アプローチする必要があります。

まず、**私が推奨しているのは、後述する有効視野を広げるトレーニング**です。

有効視野というのは、目で見えているなかで情報処理を有効に行える範囲のことを意味します。

人間は左右の目を使って110度近くの範囲を見ることができるのですが、そのなかの一部――だいたい20～30度の範囲で物を具体的にとらえています。

例えば本を読んでいるとき、何が書いてあるかわかるのは一部の範囲ですが、その外側は「何かが書かれているのはわかるけれども、具体的に内容はわからない」ゾーンですよね。

この、具体的に事象を理解できる20〜30度の狭い範囲を有効視野といいます。

そして、**有効視野が狭くなると、実際の視野だけでなく「思考の視野」までもが狭くなり、俯瞰してものごとをとらえたり、判断したりといったことが難しくなってくる**ことがわかっています(※2)。

人間が2つ以上の視点でものごとを判断する場合、個別ではなく同時に、並行して行うのが一般的です。

つまり、複数の思考を同時に行う必要があるということです。

有効視野が広いと、中心を見ながらその周辺にある複数のものも見て、脳で同時に処理することができるのですが、狭くなるとそれができなくなります。

そしてこれが、老害力を増すことにつながります。

有効視野は、緊張していると狭くなり、リラックスしていると広くなるなど、比較的可変的なものなのですが、総じて年を重ねるごとに狭くなっていくことがわかっています。

高齢者の有効視野は狭く、それゆえに柔軟な思考をしづらくなっています。複数の視点から同時に考えることが難しくなった結果として、「自分の視点が正しい」となり、持論を押しとおす傾向になりがちなわけです。

そして、その行動が老害とみなされることは、言わずもがなでしょう

◆有効視野を広げるトレーニングで老害思考からの脱却を

そうなることをできるだけ回避するためにやっていただきたいのが、2023年に『1日3分見るだけで認知症が予防できるドリル』（SBクリエイティブ）にて私が発表した、有効視野を広げる効果に期待できる3つの脳知覚トレーニングです。

こちらは専門的なトレーニング方法ではなく、自分でお手軽にできる簡易版です。

誰でもすぐに取り組めるので、ぜひ試してみてください。

【新聞紙トレーニング】

①新聞紙の中心を両目で見て、そこに何が書いてあるのかを読む。

②そのまま目を動かさずに、視点の中心から少し離れた場所にある文字を読む。

③さらに視野を広げていき、文字が読めなくなる場所を確認する。

④文字が読めなくなるところと読めるところの境目にある文字を読もうと試みる(実際に読めなくてもOK)。

⑤以上の①〜④の手順を1日3分を目安にくり返す。

【10円玉・100円玉トレーニング】

①10円玉と100円玉をひとつずつ用意する。
②10円玉を顔の正面に真っすぐ持ち、目から30㎝ほど離して両目で見る。
③100円玉を耳の後ろあたりから徐々に10円玉に近づけていく。
④10円玉と100円玉がぎりぎり接するくらいまで近づいたときに、後ろから正面に近づけていったコインが100円玉であると判別できるようになる。
⑤以上の②〜④の手順をくり返す。

【人差し指トレーニング】

①顔の正面、目から30㎝ほど離れた場所に人差し指を出して両目で見る。
②そのまま視線を動かさずに指を上に動かしていき、人差し指が見えなくなったら顔の正面に戻す。
③上の次は、下・左・右というように、指を動かす方向を変えて同じことをくり返す。

いずれのトレーニングも、専門的な方法には劣るものの、有効視野の拡大効果が期待できるので、すぐに取り組んでいただきたいと思います。

有効視野が広がれば、思考が柔軟になる。

思考が柔軟になれば、老害力を弱めることができ、以前よりも老害扱いされなくなる。

この展開が理想的といえるでしょう。

◆記憶を引き出す力を鍛えてコミュ力をアップ！

認知機能を向上させる「回想法」というトレーニングも、ぜひやっていただきたいです。

これは、**過去にあった出来事を詳細に思い出すことによって記憶を引き出す力を鍛える方法**で、コミュニケーションの齟齬の防止に役立ちます。

古いアルバムをめくったり、スマートフォンに保存されている写真を振り返ったりしながら、印象的な出来事があったその瞬間に戻ったつもりで、一部始終を思い出してみてください。

重要になってくるのは、いいことも悪いことも含めてすべて思い出すという点と、起こった事実だけでなく、食べたものの味やにおい、触ったものの感触といったものなど、五感の記憶もカバーするという点です。

高齢になると、断片的な事象を記憶するのがあまり得意ではなくなり、ストーリー仕立てに記憶するほうが得意で、思い出しやすいことがわかっています。

この**回想法をくり返し行うと、自分にとって都合のいいことばかりでなく、芳しくないことも思い出せるようになる**ので、独りよがりにならずにフラットな思考を促します。

当然、他人との意見の対立を減らし、それが脱老害化につながっていくわけです。

例えば、ご夫婦で熱海旅行に行ったときのことを思い出すならば、どういう交通手段で移動したとか、どこのホテルに泊まって何を食べたかはもちろんのこと、海の波の音やにおい、潮風の感触、温泉の湯ざわり、夕食で食べた料理の食感や風味といったものまで、何から何まで網羅しましょう。

それが記憶力を鍛え、物忘れを減らす源になってくれます。

有効視野を広げるトレーニングに加え、この回想法も超おすすめです。

ちなみに回想法については、Ｐ１６２にて実際にあったエピソードを踏まえ、改めて解説しています。

回想法によって思考のトレーニングを行うのと同時に、行動もアクティブにしていくとより効果的です。

散歩やウォーキングをして、徐々に歩く距離を延ばしていったり、行動範囲を広げたりすると、体も鍛えられて相乗効果が図れます。

確実に、老害力はパワーダウンするでしょう。**変化が苦手な高齢者にとって、思考を変えるよりも行動を変えるほうが容易なので、さほど苦にはならないはず**です。

できることは、なんでもチャレンジしていきましょう。

◆非老害の〝お手本〟に寄せていく努力と工夫がカギ

この第3章でお伝えしている、**老害にならないために必要なこと——最後に紹介するのは、老害になっていない人をお手本にする方法**です。

老害になっていない人を一律に定義することはできませんが、典型的といえるタイプの人ならいます。

それは、高齢者になってもモテている人です。

すなわち、周囲から好かれている（嫌がられていない）人であり、老いハラを受けていない人です。

これは裏を返せば、老害になっていないことを意味します。

人間の性格は、高齢者になってからはあまり変わりません（※3）。容姿についても、大がかりな整形手術でもしない限り変えることはできないでしょう。

だから、**モテている人をお手本にしようと思っても、同じになったり、完璧に真似をしたりすることは不可能**です。**ただし、参考にすることならできます。**

高齢者の場合、モテている人は、たいてい「愛嬌《あいきょう》のある人」に置き換えることができます。

いつも笑顔で、人当たりがよくて、わりとものごとを楽観的にとらえるタイプ

“お手本”から学べることはたくさんある

モテている人を参考にするのが、老害を脱するための近道。人気があって、誰からも慕われている人を、知り合いのなかから探してみよう。

の人といえばいいでしょうか。

こういうおばあちゃん、おじいちゃんは「愛嬌がある」と思われ、それが「モテる」につながっていくのです。

もともと愛嬌のない人が、いきなり愛嬌のある人になることは難しい。でも、「愛嬌があるように思われるようにする」ことならできます。

手っ取り早いのは笑顔です。

楽しくもないのに笑いましょう、というわけではなく、つねに歯を見せている必要もありません。

イライラしているわけでも、怒っているわけでもないフラットな感情なときに、できるだけにこやかな表情をすることを心がけましょう、ということです。

それだけで、周りの人たちに与える印象はだいぶ変わります。

無表情だったり、無愛想にしていたりするのとは、雲泥の差です。

しっかりあいさつをするのも効果的です。

会釈だけとか、小さい声でもごもごとあいさつするのではなく、相手にちゃんと聞こえる声で「おはようございます」「こんにちは」「こんばんは」「さようなら」「おやすみなさい」「よろしくお願いします」を口にしましょう。

あいさつをしたからといって愛嬌が出るわけではありませんが、間違いなく好感度は上がり、愛嬌があるように見えることもあります。

他人との齟齬を少しでもなくすために、気持ちのいいあいさつは不可欠とお考えください。

◆自分をよく見せる演出は偽りでも騙しでもない

ここで勘違いしないでいただきたいのは、愛嬌があるように見せる努力や工夫は、自分を偽ったり、相手を騙《だま》したり、といった行為とは一線を画すということです。

あなたはあなたのままで大丈夫。無理に変える必要はありません。**中身を変えずに、外側にいいイメージをまとえるように、自らを演出する**というふうに考えるといいでしょう。

今の高齢者世代は、セルフプロデュースがとかく苦手で、「外面だけをよくするのは悪いこと」と認識している人も多いです。

しかし、**周囲の人たちが老害か否かを判断する基準は、「その人が実際にどうなのか」よりも、「その人はどう見えるか」に重点が置かれます。**

だから私は、最低限の演出は大事だと思っています。

今よりもモテたいのなら、愛嬌があるように見られたいのなら、そして老害と思われたくないのなら、**自分を偽らずに「よく見せる」ことに意識を向けるようにしましょう。**

「自分、不器用ですから」

これは今から数十年前、大手生命保険会社のＣＭに出演していた高倉健さんが口にしたセリフです。

世代的に、こういうキャラクターをかっこいいと思う人も多いでしょう。実際に、外見がよく、不器用で無骨ながらも内面はやさしい――そんな人が素敵に見られていた時代もあったと思います。

しかしこれは、その当時に高倉健さんが演じていたからかっこよく見えたにすぎないのです。

今現在、そのようなタイプでモテモテの高齢男性に、少なくとも私はお目にかかったことがありません。

明るくて、気立てがよくて、話しやすいという、いたって普通にモテそうな人のほうが、実際にはモテるのです。

その現実を、直視しようではありませんか。

◆基本のコツを押さえたら次なるステップへ

いかがでしょうか。

この第3章では、老害にならないためのコツを、さまざまな角度からお伝えしてきました。

いうなれば、すべての人、すべてのシチュエーションに通用する基本テクニックです。

しかし現実問題として、**基本だけでは対処するのが難しい場面に直面することが往々にしてあります**。

そこで求められるのが応用です。

私は、基本を押さえたあとに、相手との距離感の違いによって、対処法を変えていくことが、応用に当たると考えています。

距離感が変わってくる相手――それは、前述したように**「家族」「仲間」「社会」の3種類**です。

それぞれに存在する壁を取りはらうことが、脱老害化を図るうえで必須の作業となります。

家族はみなさんにとって、最も身近な存在です。広い意味で、同居家族以外の親戚を含めてもいいかもしれません。

家族は関係性が密だからこそ、「言わなくてもわかっているよね」という甘えが生まれます。

親と子（あるいは孫）という世代間ギャップも生じやすいです。

それらが、壁をつくる原因になり得ます。

「家族の壁」をなくすコツは、第4章にまとめました。


仲間は、家族の次に身近な人たちです。日常生活において、同じ時間や空間をともにすることが多い人――友人、知人、会社の同僚、地域コミュニティの仲間などがこれに該当します。

職場の場合は、上司と部下の関係など、世代差がはっきりしていることもありますが、それ以外ではおもに同世代が対象になります。

自分の変化には気づきにくい一方で、他人の変化には気づきやすく、「年が近いからわかってくれている」が通用しないことは、先に説明したとおりです。

このあたりが、壁を生みだす病巣になります。

「仲間の壁」をなくすコツは、第5章にまとめました。

そしてこの3分類のなかでいう社会は、普段面識はないものの、場面によって一時的に関係性の生じる、不特定多数の人たちを意味します。

当然、**相手のことはお互いによく知りません。見た目と、その場の行動ですべてを判断することになります。仮によかれと思ってやったことでも、周囲の人たちにその意図は伝わりづらい**でしょう。

そういったコミュニケーションの難しさが齟齬を生み、おのずと壁へと発展していきます。

「社会の壁」をなくすコツは、第6章にまとめました。

これら3つの壁はどれも、みなさんに深くかかわってくるものであるはずです。壁をなくすためのコツを確実に身につけ、それを実行に移し、老害に別れを告げる日が訪れることを目指していきましょう。

第4章

家族の壁

こういう人が家庭内で問題を起こす

無意識のうちに家族に甘えすぎていないか

◆長年連れ添った伴侶を困らせる身勝手系の「老害」

ある高齢女性Aさんから、以前お聞きした話です。

Aさんのご主人はいわゆる昭和の「企業戦士」であり「モーレツ社員」とのこと。本当によく働く人で、しっかり稼いで家庭を支えてくれたそうです。その点には、Aさんも心から感謝していました。

だから、多少のわがままは受け入れてきたと。

でも、**定年を迎え、嘱託の期間も終え、完全にリタイアしたあと、そのわがままぶりが際立って**きて、だんだん付き合いきれなくなってきたといいます。

「すぐに機嫌が悪くなり、文句を言ってくる。反論をすると怒る。ちょっと突き放すと拗《す》ねる。しばらく放っておくと、完全にふてくされて口も利《き》かなくなる。最近はこのくり返しばかりです。**最終的に私が折れない限り、雰囲気が改善することはありません**」

以前からうるさいところはあったものの、Aさんが一生懸命作った料理にも遠慮なくけちをつけてきて、最近は「味が薄い」と言って醤油をドバドバかけることも増えたそうです。

ご主人が現役で働いていた時代は、一緒に食事をするのは週に1～2回だったのでそれくらいは我慢できたようですが、今は毎日ほぼ3食一緒……。

もういいいかげん、限界を迎えそうということでした。

◆なぜ老害化が進むのか

味付けが薄く感じるのは料理のせいではない

Aさんのご主人のように、家庭内で、とくに奥さんに対して、わがままを言う男性は多くいらっしゃいます。

その根底にあるのは、甘えと間違った愛情表現です。

高齢者に限った話ではなく、**「家族だから言える」「厳しく言うのは信頼関係があるから」「愛のない他人にこんな態度はとらない」という考えを持って家族に強く接している人は多い**です。

それが年を重ねるにつれ、「それをできるのが親しさの証」と思う傾向が強まるように感じます。

でも、言われている側が同じように感じているとは限りません。

むしろ、そうとらえてはいなかったり、それを迷惑に感じたりしている家族のほうが多いのではないでしょうか。

料理の味が薄いと言って醤油をドバドバかけるのは、たんにわがままであるのに加え、別の理由も考えられます。

それは、加齢にともなう味覚の変化です。じつは**人間の味覚は、60代から変わってきて、味付けの好みが次第に濃くなる**ことがわかっています（※1）。**舌にある「味蕾《みらい》」という細胞の生えかわりが遅くなるのも、味覚が変化する理由のひとつ**です（※2）。

そんな自覚のないAさんのご主人は、実際に味が薄いと感じ、「思ったことを素直に言えるほどの信頼関係を築けている」と信じて疑わない奥さんが相手だからこそ、その不満をストレートにぶつけているのでしょう。

ただし、一生懸命作った料理に対して文句を言われた奥さんからしたら、たまっ

塩分過多にならないよう
味覚の変化に気づくことも大切

年をとると味覚が変化し、濃い味付けを好むようになる。料理を作った人にも、出来上がった料理にも、食べる人にも、落ち度がないのが悩ましいところ。

たものではありません。

カチンとくるのは当然で、いくらご主人にこれまでの感謝の念を抱いていたとしても、「そうかしら？　そんなことはないと思うけど」程度の反論はしたくなるものです。

ここでご主人が「ごめん、言いすぎたよ」と言えればいいのですが、そういうわけにはいかないですよね。

だからこういう小さなバトルの積み重ねが、「家族の壁」をつくっていってしまうことになるのです。

◆老害にならないためのコツ
「家族の壁」を解消に向かわせる3つのポイント

状況を改善させるためにAさんのご主人が意識したほうがいいこと、自覚すべきことは、おもに3つあります。

まずは、**自分が愛情表現だと思っている言動や行動が、相手（この場合は奥さん）もそのように受け取ってくれるとは限らない**ということ。

悪態をつくことが愛情表現。これは万人共通の感覚ではありません。厳しいことを言われて、嫌悪感を抱いたり、気分が滅入ったり、ストレスに感じてしまったり——そんな人は大勢います。

「家族ならOK」は通用しないのです。

まさに、親しきなかにも礼儀あり。愛情があるのなら、相手のことも理解するように努めましょう。

「なんでわかってくれないの？」ではなく、「こうすればわかってくれるかな」

が大切なのです。

続いては、**ライフスタイルの変化によって、夫婦の接触頻度が大きく増えた**ということ。

どんなに仲のよい家族でも、いっさいストレスを感じずに一緒に生活することは不可能です。

接触頻度が増えると、楽しいことを多く経験できるかもしれない一方、ストレスを増加させるケースもあるでしょう。

とくに一般的な高齢夫婦の場合は、夫の定年退職後に接触頻度が激増します。それまでと同じように接していても、相手の反応が変わってくるというのはよくあることなのです。

Aさんのご主人のタイプのような人は、それを忘れないようにしたいですね。

そして最後に、**年をとると人間の味覚は変わってくる**ということ。濃いめの味付けを好むようになるのは前述したとおりで、これは若いころより塩味を感じにくくなることが大きく影響しています(※3)。

この事実を知っているだけで、料理に対する評価も、作ってくれた人への態度も、だいぶ寛大になるのではないでしょうか。

熟年離婚という最悪の結末を迎えないためにも、ここでお伝えした3つのポイントをつねに念頭に置いておくことが重要になります。

◆周りの老害に配慮するコツ
実態と前提を知れば妥協点が見えてくる!?

逆の立場、すなわちAさん側から見ても、**意識すべきことと改善のポイントはほぼ同じ**になります。

ご主人が定年退職をして、以前よりもわがままになったり、不平や不満を口にすることが多くなったりと感じることもあるでしょう。相当なストレスが溜まっているかもしれません。

ここで一方的に、その原因をご主人に求めないように、ひと呼吸おいていただけないでしょうか。

言葉や態度とは裏腹の本心があるかもしれないことや、接触頻度の増加によって生じることや、加齢によって体に変化が起こることを理解してあげれば、受ける印象は変わってくると思います。

わがままを言ったり、悪態をついたりしてくるのは、奥さんに甘えていて、愛情表現を間違って解釈しているから。

最近その度合いが高まっていると感じるのは、接触頻度が激増したから。

料理の味付けにけちをつけてくるのは、加齢により味覚が変化したから。

これらの情報が頭にあれば、「仕方がないわね」と思える瞬間が今よりも格段に多くなるかもしれません。

◆塩分量を変えずに塩気を感じさせる奥の手

とりわけ料理については、工夫する余地がたくさんあります。

味付けは、ご主人に言われるがままにしょっぱくしてしまうと、高血圧をはじめとする生活習慣病になるリスクを高めるのでやめましょう。

そのかわりに、**味の濃いものと薄いものを織り交ぜるなど、アクセントをつけると効果的**です。一食あたりに使用する塩分量は同じでも、全体的に通常より塩気が多く感じるようになります（※4）。

また、高齢者は塩分よりもグルタミン酸などのうまみのほうを2倍感じやすいので、**だしを強めにとることもおすすめ**できます。だしのうまみが、塩分の代わりの役割を果たしてくれるのです。

さらに、亜鉛が足りていないと味覚が悪くなるにもかかわらず、日本人の亜鉛摂取量が減っていることも判明しています（※5）。**亜鉛が多く含まれる、卵、チーズ、牛肉、牡蠣などで不足を補いましょう**（※6）。

ほかには、料理の色合いをよくしたり、白いお米を黒い茶碗に盛るなど、食材を引き立てる色の食器を用いたりすると、料理をより美味しく感じることがわかっています（※7、8）。

このように、料理全体の塩分量を増やさなくても、満足度合いを上げられるテクニックはいろいろあるのです。ご主人のためだけでなく、自分のためにもなるので、できる限りのことを試してみてはいかがでしょうか。

デリケートな臭い問題は家族でも指摘しづらい

◆臭いにまで配慮が及ばない面倒くさがりの「老害」

知人のBさんから、こんな悩みを打ち明けられました。Bさんは50代の女性です。

78歳になるお父さんが、なかなかお風呂に入ってくれずに困っているとのこと。なぜお父さんはお風呂に入りたがらないのか。理由は「面倒くさいから」だそうです。

汗をかきにくい冬場ならともかく、汗だくになることも多い夏場でも、その姿勢を崩すことはないといいます。

だからどうしても不潔さを感じてしまうと、Bさんは嘆いておられました。

実際に、**「父の体臭に眉をひそめることはよくあります。娘の私だけでなく、同居している家族が全員そう」**とのことです。

Bさんのお父さんは慎重な性格のようなので、寒い季節の入浴にはヒートショックの恐怖が付きまとうのかもしれません。

だからBさんは、冬場は致し方ないとある程度は納得していますが、その一方で「せめて夏場くらいは毎日入ってよ」と思うそうです。

そもそも、加齢臭がきつくなっている可能性もありますし、**お父さんの臭いにまつわるトラブルは、家族にとっては深刻な問題**でしょう。

デリケートなことゆえに、本人に直接伝えるのははばかられてしまい、解決策を見いだせずにいるのは仕方のないことかもしれません。

自分の体臭はなかなか
気づかないものという自覚を

自分では「この程度の体臭なら問題ない」「臭わない」
と思っていても、周囲の人たちは相当気になるもの。
親しい家族にもしっかり気を配りたい。

どうにかして、お風呂に入ってもらう方法はないかと、Bさんは日々頭を悩ませている様子でした。

なぜ老害化が進むのか
染みついた習慣と肌の変化が壁をつくる〝原料〟に

Bさんのお父さんにように、お風呂に入りたがらない高齢者は多いです。とりわけその傾向は男性に顕著。家族が「入って」と促しても、すんなりお風呂場に向かってくれない、という話はよく耳にします。

考えられる理由は、大きく２つ挙げられます。

ひとつは、体に染みついた習慣の問題です。

現在の70代以上の高齢者が若かったころは、今ほど清潔感が問われる時代ではなかったこともあり、お風呂に毎日入る習慣がありませんでした。

浴槽のお湯は、前日のものを沸かしなおして使うこともあたりまえ。お風呂に関しては、今の若い人たちからしたら考えられないような〝常識〟がまかりとおっていたのです。

だから、いまだにその常識をぬぐい去れずにいる、お風呂嫌いの高齢者はたくさんいます。

もうひとつの理由は、加齢による皮膚の繊細化です。

人間は年を重ねると、皮膚が弱くなっていき、傷みやすく、さらには乾燥しやすくなります。

お風呂で体をゴシゴシ洗うと、けっこうなダメージを受けるので、高齢者はそれを嫌がるのです。

また、家族は「早く入ってほしい」という思いに加え、年長者に気をつかって一番風呂を勧めがちですが、じつは高齢者にとっては有難迷惑になり得ます。なぜなら、お風呂のお湯は誰かが入って皮脂などが溶け込んだ状態のほうがやわらかくなるため、**一番風呂は肌にとっては刺激が強すぎる**のです。

実際に、「一番風呂はお湯が硬い」と言って敬遠する高齢者も少なくありません。

さらに一番風呂だと、お風呂場とお風呂の温度差が高くなって血圧差ができやすく、心臓に負担がかかるという理由もあります。

そういった事情が重なって、よけいお風呂と距離を置くようになる――というケースもあるでしょう。

しかし、その結果として臭いの問題は起きやすくなります。周りも「言いたくても言えない」状況が続き、それが「家族の壁」を生みだしてしまうのです。

老害にならないためのコツ

◆体臭をより強烈にする高齢者のやっかいな敵

体臭の原因は、毎日お風呂に入らないことだけではありません。高齢者に多い尿漏れが、これに追い打ちをかけます。

加齢により膀胱や尿道を締める筋肉が衰えたり、男性の場合は前立腺が肥大したりして、尿漏れは起こりやすくなります。

さらに、認知症になると9割の人が尿漏れを起こすといわれています（※9）。これが老害レベルを大きく上げる要因になってしまうのです。

トイレを出たあとに残尿が漏れてきたり、せきやくしゃみをしたときに思わず漏れてしまったり。

この量ならばたいしたことはないだろう……と思っていても、臭いに気づいていないのは自分だけで、他人はしっかりとそれを感じとっているということもあります。

70代になると嗅覚が急激に衰えるため（※10）、自分が発している臭いにおのずと気づきにくくなります。

そして自分で気づかないうちに、家族をはじめとする周囲の人たちを臭いトラブルに巻き込んでしまっている可能性はあります。

だから、できるだけこまめにお風呂に入り、同時に下着も替えたほうがいいのです。

お風呂を苦手にしている人が、いきなりお風呂好きになるのは無理だと思いますので、「前の日に入らなかったら、その日は必ず入る」などのルールを決め、なるべくこまめにお風呂に入るようにしましょう。

清潔を保つことが目的であれば、シャワーでも構いません。シャワーすらも嫌な場合は、タオルを濡らして体を拭くだけでもＯＫ。お風呂にいっさい入らないよりは、はるかにましです。

自分の体臭には気づきにくいですし、嗅覚の衰えを自覚するのも難しいので、不安な人はテストをしてみるといいでしょう。

お手軽なのは、醤油を水で4分の1程度に薄め、匂いをかいでみる方法です。はっきり醤油と認識できれば、問題ありません。

しかしながら、「醤油の匂いがほとんどしない」と感じた場合は、嗅覚に問題があるかもしれないので、すぐに耳鼻咽喉科に行って診てもらいましょう。治療によって、症状が改善される場合もありますからね。

◆体臭だけをケアすれば万事ＯＫではない！

家族間に多い臭いトラブルは、体臭だけにとどまりません。ここでもうひとつ、注意していただきたいことがあります。

それは、口臭です。

人間は加齢にともなう口内の殺菌力低下と唾液分泌量の減少により、口臭が発生しやすくなります（※11）。

また、40代に突入すると8割の人が歯周病になるといわれており、歯周病の原因となる菌が揮発性硫黄化合物というガスを発生させ、これが口臭の原因になることもわかっています（※12）。

舌から臭いが発生することもあるので、舌クリーニング（食後の軽い舌磨き）をするのもひとつの方法です（※13）。

入れ歯の場合は、手入れが行き届いていないとそこから嫌な臭いが発せられることもあります。よって、入れ歯は買ったらそれでおしまいではなく、日々の掃除とメンテナンスをしっかり行うようにしましょう。

口臭予防のためには、唾液の分泌を促してあげることを推奨できます。唾液を分泌する「唾液腺」をマッサージしたり、レモンや梅干しなど酸っぱいものを食べたり、食事の最後に緑茶を飲んだり、せんべいなどの硬いものを噛んで食べたり、といった方法が有効です（※14〜17）。

歯磨きをする際は、歯ブラシだけでなく、デンタルフロスや歯間ブラシも必ず使いましょう。歯周病や虫歯予防の効果は絶大です。

そしてベストは、定期的に歯医者さんに行くこと。これに尽きます。歯の治療やクリーニング、入れ歯のメンテナンス指導などによって、家族を不快にさせてしまう口臭をだいぶやわらげることができるでしょう。

◆周りの老害に配慮するコツ
老害家族問題解決の最善策はメリットをやさしく伝えること

お風呂に入ることを嫌がったり、面倒くさがったりするBさんのお父さんのような人がみなさんの家族にいたら、どうすべきでしょうか。

まずは、高齢者にとっての入浴が、本当に面倒くさいことであると認識してください。

入浴は筋トレと同じくらいハードルが高い――そう考えても、差し支えありません。

「早くお風呂に入って」は、「今すぐ腹筋と腕立て伏せを20回ずつやって」に等しいのです。

ストレートに「臭い」とは言いづらいと思いますので、体の汚れを落とす以外にも、リラックス効果、疲労回復効果、安眠効果など、**入浴にはたくさんのメリットがあることを伝えて、うまく誘導するように**心がけましょう。

「○曜日は必ず入ろうね」「夕飯の直後をお風呂タイムにしよう」など、入浴のルール決めに協力するのもいいかもしれません。

口臭についても、基本的なアプローチの仕方は同じです。**デンタルフロスを使った歯磨きや、入れ歯のメンテナンスの重要性をやさしく伝えつつ、定期的に歯医者に行くことを勧めてみてください**。

高齢者のなかには「歯医者は虫歯になったら（歯がずきずきと痛んだら）行くところ」と勘違いしている人がけっこういます。

ただし、「歯医者には行きたくない」と頑固になっているわけではなかったりするので、予防の重要性を説明してあげると、思いのほかすんなりと受け入れてくれることもあります。

「口が臭い」ときつく言い放つのではなく、「虫歯や歯周病の予防のために、歯医者に行ってみたらどう？」と自然に背中を押してあげるかたちで、家族間の臭いトラブルを解決の道へと導いていくといいでしょう。

なんでも他人任せにするのは悪手中の悪手

◆手間や努力を自分の領域から排除している「老害」

以前、若い女性患者のCさんからこんな愚痴を聞かされたことがあります。

同居しているおばあさんの口ぐせは、「インターネットで調べればすぐにわかるでしょ」で、ことあるごとに孫のCさんを頼ってくるそうです。

それが「かなり面倒くさい」と。

頼られるのは悪くないことですし、助けてあげたい気持ちもあるそうですが、ものには限度があります。Cさんのおばあさんの場合、**最初から自分で調べることを放棄している**ため、きりがないとのことでした。

聞けば、壁にかかっているカレンダーをめくればすぐにわかることや、その日の朝刊に絶対に載っていることなど、少しの手間で誰にでも得られる情報でさえ、Cさんに聞いてくるといいます。

「インターネットで調べればすぐにわかるでしょ」

そんなことを毎度毎度言われても、CさんはＧｏｏｇｌｅでもＹＡＨＯＯ！でもないので、答えはすぐには出てきません。

おばあさんがテレビの情報番組で気になる商品を見つけると……。

「インターネットですぐに買えるでしょ。いくらするの？　色違いもあるの？　注文したら何日で届くの？」

これには「本当に勘弁してほしい」と、最近は心からそう思っているそうです。

そして、いつか詐欺にあうんじゃないかということも心配されていました。

Cさんのおばあさんは、調べものだけでなく、何をするにも他人任せで、**Cさん以外の人に対してもベースは「おんぶにだっこ」。言われたとおりにするし、すべて鵜呑み**にしてしまうそうです。

だから、家族以外の見知らぬ人と接するのが不安とおっしゃっていました。

「運悪く詐欺師に出会ってしまったら、100％騙《だま》されるだろう」と。

◆なぜ老害化が進むのか
年をとると加速度が増す家族への依存度合い

自分でろくに下調べをせず、**すぐに家族に質問するタイプは、せっかちな性格の人に多い**です。

つねに他人任せで、自ら仕切ったり決めたりすることはしないにもかかわらず、まだなのかと急かしてきたりします。

例えば、旅行の行き先や、家族でレストランに入ったときに注文するメニューなどを、自分で決めずにほかの誰かに任せておきながら、「どこに行く？」「何を頼む？」とすぐに聞いてくるのが典型的なパターンです。

そういうキャラとして受け入れられている場合もあるでしょうが、**度が過ぎるといつの間にか「家族の壁」が生まれる**ことになるでしょう。

そして、高齢者になるとここに「若い人や詳しい人に聞いたほうが早い」が加わり、家族に限らず、他人への依存度合いがさらに加速していきます。

入院する前に渡したパンフレットにルールや注意事項がすべて書いてあるのに、それを読まずに「パジャマは持ってきていいの？」と聞いてくる高齢の入院患者さんにお目にかかるのは日常茶飯事です。

こういうタイプの人は、自分だけ楽をしているとか、相手に負担をかけているとか、そういった意識を持っていません。

老害力がおおいに発揮されてしまっている自覚もありません。ただたんに、**いちばん間違いないと思っている方法を選択しているだけ**なのです。

Cさんのおばあさんは、孫が心配しているように、詐欺に引っかかってしまいやすいタイプにも該当します。

疑い深すぎる性格の人はいかがなものかと思いますが、その一方で人の言葉を鵜呑みにしすぎる人も考えもの。

高齢者のほうが人を信じやすく、高額な商品であっても、店員の話を信頼して選び、買う特性があるからです（※18）。

さらに、**振り込め詐欺の平均被害額は、若者より高齢者のほうが圧倒的に大きい**こともわかっています（※19）。

ご本人のみならず、家族など周囲の人たちも注意したほうがいいでしょう。

老害にならないためのコツ

◆人生の重要な場面で騙されないようにするためには

わからないことがあると、すぐに誰かに聞いてしまいがちで、何をやるにも基本的に他人任せ――自覚のある人は、まず**逆の立場になったことを想像してみてください**。

けっこう面倒くさいと思いますよね。

若い人や詳しい人に聞いたり、任せたりするのは構いませんが、そこに至るまでに、最低限自分でやっておいたほうがいいことはないかどうかを、今一度考えてみましょう。

他人の言葉を鵜呑みにしすぎる人は詐欺に引っかかりやすい

周りに頼れる人がいるのはいいことだが、過度な他人任せはいただけない。人の言うことを信用しすぎて、大きなトラブルに巻き込まれたら手遅れ。

自分でやることを増やしていけば、他人への依存度合いも老害レベルも下がり、自然に壁は取りはらわれていくはずです。

そして何より、他人任せにしっぱなしで、なおかつ他人の言葉を鵜呑みにしていると、詐欺にあうリスクを高めてしまうという認識を持つようにしましょう。**とくに気をつけたいのは、健康にかかわるものを扱う際や、大金を支払う際など、人生における重要な場面で騙されないようにすること**です。

すぐに決断するのではなく、ひと呼吸おいて自分で調べることが大切。それで納得できれば、受け入れたり、購入したりするようにしましょう。

でないと、とても体にいいという高額の水(しかし実際はただのミネラルウォーター)を買わされることになってしまいかねません。

自分の健康は自分で守る――その意識があれば、ちょっとの調べものなら面倒に感じなくなると思います。

◆周りの老害に配慮するコツ

「自分で調べるといいことがある」の波状攻撃が有効

なんでもすぐに聞いてくる人が家族や友人にいたら、その姿勢を真っ向から否定せずに、自分で調べることによって得られるメリットを、やさしく伝えてあげてください。

「健康やお金のことを他人任せにしていいの？」

ここから切り崩していくと、次第に「最低限の下調べは自分でする」という行動をとってくれるようになるかもしれません。

そのうえで、詐欺への警戒心を強めてもらえるように働きかけましょう。

「あなたは騙されやすい性格だから気をつけて」と、ストレートに言ってはいけません。「そんなことはない」とばかりに、新たな壁をつくることになりかねないですからね。

そうではなく、**ひたすらメリットばかりを強調することが大事**です。自分にある程度の知識があれば、身の周りで起こることに対応しやすくなるし、他人に対して「ノー」を言えるようになることを、知ってもらうようにしましょう。

私の経験上、**詐欺師に完全に騙されてしまった高齢者に、それ(その人)は間違っていると信じさせることは相当難しい**です。

詐欺師はその道のプロですから、騙しやすい〝カモ〟を洗脳に近い状態にもっていくことは大得意。こちらがどう説明しても、説得しても、なかなか考えを改めてくれません。

以前、目の病気のことを相談しに私のもとを訪れた患者さんが、私の話を信じてくれず、最終的には「この前100万円で買った浄水器の水を飲んだほうがいい」と言い張って聞かない、ということもありました。

ですので、**身近に思い当たる人がいる場合は、早めに対策を立てておき、そうなる一歩前に手を打つこと**が求められます。

完全に騙されて洗脳状態になってしまったら、我々の手には負えません。

その手のトラブルに対応してくれる、専門の窓口に相談しましょう。

今一度「親しきなかにも礼儀あり」の意識喚起を

～家族の壁をつくりださないコツ＆解決法～

甘えと間違った愛情。

これが「家族の壁」をつくりだす二大要素といっても過言ではありません。家族だから言える。家族だからできる。家族だからわかってもらえる。家族だから許してもらえる。

この感覚が行きすぎると、おのずと壁は生まれてしまいます。

大切なのは、「親しきなかにも礼儀あり」の精神です。

加齢による自分の体の変化や衰えを自覚し、感情的にならず、相手の気持ちもくむようにして、家族と接するように努めましょう。

そうすれば壁はできませんし、すでに壁が存在している場合は、徐々に取りはらわれていくと思います。

◆これを徹底！

- 自分の体の変化に意識を向ける
- カチンときても感情的にならない
- ひと呼吸おいて家族の話を聞く
- 一度、素直に従ってみる
- 自分に甘えがないかを問いただす

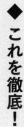

第5章

仲間の壁

何が友人や知人との距離を遠くするのか

古い記憶は美化されやすいことを肝に銘じる

◆現実を直視できず過去を美化しすぎる「老害」

私が長年診ている患者のDさんのご近所に住むEさんは、Dさんと同じ70代の男性です。お付き合いはかれこれ40年ほど。子ども同士の年が近いこともあり、家族ぐるみで仲良くしてきたそうです。

先日、町内会の集まりでこんな出来事があったとのこと。

町内会主催の恒例の夏祭りの予算配分、具体的には**お祭りが終わったあとの打ち上げの有無をめぐり、住民同士で意見の食い違いがあった**のです。

「打ち上げは行わない」が多数派で、「打ち上げは絶対に必要」が少数派。後者の急先鋒がＥさんでした。

「打ち上げも含めてお祭りだし、昔はみんな一緒にビールを飲んで友好を深めたもんだよ。○○さんが町内会長だったときはよかった。ケチケチせずに、料理もお酒も豪勢に用意してくれたからね。打ち上げのないお祭りなんてあり得ないよ」

Ｅさんが引き下がる様子はなかったといいます。

「打ち上げはなしでも仕方がない」派のＤさんは、**度重なる住民転出にともなう町内会費の減収と人手不足、若い人たちとの感覚の違いなどを理由に説得にあたりましたが、Ｅさんは耳を貸してくれなかった**そうです。

それればかりか、Ｄさんのことを敵視するかのような発言までし始めたと。これにはＤさんも弱ってしまいますよね。

◆なぜ老害化が進むのか
記憶に残るのは「都合のいいこと」ばかり

どうして、Eさんは多数決に素直に従えないのでしょう。

それは、過去を美化し、それにとらわれすぎているからです。

加えて、今現在の状況を冷静かつ論理的に判断することができていないからです。

確かに、昔はお祭りのあとに盛大な打ち上げを開催していたのでしょう。豪気《ごうき》な町内会長さんがいたことも事実でしょうし、住民全体がそれを受け入れる風潮だったのだと思います。

しかし、時代は変わりました。

町外に転出する人が増え、シンプルに人員と町内会費が減りました。打ち上げを開催するには、人もお金も必要になります。

今は、それが難しくなってきたのです。

人間には、いい記憶ほど残りやすく、嫌な記憶ほど消えやすいという特徴があります（※１）。**そして、高齢者ほどそれが顕著**です。

また、**若いころ（ピークは20歳前後）の記憶のほうが残りやすいという傾向もあります**（※２）。

Ｅさんは「都合のいいこと」しか覚えていません。

おそらく、かつてはお酒の買い出しに行ったり、料理をしたり、大人数が集まる会場のセッティングをしたりと、打ち上げの準備に相当な労力を要していたはずなのですが、そういった**面倒な部分の記憶はすっかり欠落**してしまっています。

Ｅさんに悪気はありません。自分勝手なことを言っているという認識もないでしょう。

純粋に、みんなが楽しめること、町内の雰囲気がよくなることを意図して主張しているのだと思います。

もちろん、**自分の意見をアピールすることは大切ですが、度を越したり、周囲の意見を無視したりするようだと考えものです。**

その姿勢を崩さないでいると、若い世代だけでなく、Eさんよりも柔軟に思考できる、Dさんのような同じ時代を生きてきた年の近い友人や知人との間にも軋《あつ》轢《れき》が生じ、「仲間の壁」ができてしまいます。

◆ 老害にならないためのコツ

壁の除去と認知症予防を同時に行う秘策

このEさんのように、過去を美化しがちなタイプの人にまず意識していただきたいのは、いい記憶ほど残りやすいという人間の特性を踏まえ、昔の記憶を「もうちょっと詳細に思い出してみる」ことです。
最初から善し悪しを振り分けて思い出す必要はなく、その出来事（Eさんの場合はお祭りのあとの打ち上げ）の流れを、最初から最後まで順を追って思い出してみましょう。

するとおそらく、次のような記憶がよみがえってくるはずです。

机や椅子を運んで並べるのがけっこう大変だったな。意外に重かったし。女性陣はせっせとおにぎりを握って、男性陣は汗だくになりながら焼きそばを焼いていたな。今にもソースのいい匂いがしてきそうだよ。

打ち上げは盛り上がるし、とても楽しい。ご近所さんと仲良くなって、ゴルフ仲間も増えた。

ただ、片づけがちょっと面倒なんだよね。酔いつぶれちゃった人たちは戦力にならないし。

このように、情景や感触、匂いといったものまで含めて、記憶に〝色づけ〟しながら思い出していくのです。

すると、**おのずとプラス面だけでなく、マイナス面も見えてきます**。

そうすることによって、「打ち上げは何がなんでもやるべきもの」という凝り固まった考えが徐々にほぐれ、「人員も予算も足りない」という現実に意識が向けられるようになるかもしれません。

そして最終的に周囲と折り合いをつけて、打ち上げの中止を受け入れるという選択を下すことに、なんのためらいも感じなくなるのではないでしょうか。

またP104でも紹介したとおり、この**記憶に色づけをしながら思い出す「回想法」という方法は、認知症の予防にもなる**ので、なおのことおすすめできます（※3）。

「仲間の壁」を取りはらうことができ、脳を活性化することができたら、まさに一石二鳥といえるでしょう。

もちろん、老害レベルを大きく下げられることはいうまでもありません。

周りの老害に配慮するコツ
詳細な記憶喚起を促すたいへん便利なスイッチ

Eさんのようなタイプの人に悩まされている家族や友人は、その人が過去のいい記憶だけを取り上げて偏重的な内容の話をするようなときは、記憶に色づけをして思い出すように、自然なかたちで促してあげましょう。

「いいことばかりじゃなかったでしょ。悪いことも思い出して」

こんな感じで、**ストレートに伝えるのはNG。自分が否定されたように感じ、すぐにへそを曲げてしまう高齢者は多い**です。

そうではなく、詳細な記憶をよみがえらせるきっかけづくりをしてあげると、思いのほか事がスムーズに運んだりします。
仮に、あなたがEさんの奥さんだったとしましょう。町内会の集まりで打ち上げについての議論が物別れに終わり、納得がいかずに帰宅してきたEさんは、「みんな何もわかっていない」とブツブツ文句を言っています。

そんなとき、**昔の打ち上げの記憶が鮮明によみがえるスイッチになるような、思い出の品を持ち出す**のです。

一部始終の様子を映像に収めた動画などがあればいいのですが、時代の古い出来事ほどそれは難しいと思いますので、写真がベストかもしれません（※4）。

「ほらほら、見て。懐かしいよね」

ここが入り口になります。Eさんも懐かしがって関心を示してくれたら大成功。
準備から本番、後片付けに至るまで、ポジティブな情報とネガティブな情報を交

郵 便 は が き

切手を お貼りください

105-0003

（受取人）

東京都港区西新橋2-23-1

3東洋海事ビル

（株）アスコム

「老害の人」にならないコツ

読者　係

本書をお買いあげ頂き、誠にありがとうございました。お手数ですが、今後の出版の参考のため各項目にご記入のうえ、弊社までご返送ください。

お名前	男・女	才
ご住所　〒		
Tel	E-mail	
この本の満足度は何％ですか？		％
今後、著者や新刊に関する情報、新企画へのアンケート、セミナーのご案内などを郵送またはeメールにて送付させていただいてもよろしいでしょうか？ □はい　□いいえ		

返送いただいた方の中から**抽選で3名**の方に

図書カード3000円分をプレゼントさせていただきます。

当選の発表はプレゼント商品の発送をもって代えさせていただきます。

※ご記入いただいた個人情報はプレゼントの発送以外に利用することはありません。

※本書へのご意見・ご感想およびその要旨に関しては、本書の広告などに文面を掲載させていただく場合がございます。

●本書へのご意見・ご感想をお聞かせください。

ご協力ありがとうございました。

記憶に色づけをしながら思い出す「回想法」は認知症の予防にも

いいことも悪いことも、すべて詳細に思い出すことによって、ものごとを冷静に判断できるようになることもある。これも脱老害化のコツのひとつ。

えて、一緒に回想するのです。

「子どもたちのお神輿の話で盛り上がって大笑いしたことがあったよね」のあとにすかさず、「お父さん、ビールケース運びを何往復もして、ヒイヒイ言っていたのは忘れないわ。もうあんな重いものは持ちたくない！って（笑）」というあんばいです。

このような流れで会話を展開していけば、自然に「打ち上げがないのはさみしいけど、みんな年をとったから重いものを運ぶのは危ないし、そもそも町内会にお金がないんだからしょうがないわよ」に着地できるのではないでしょうか。

◆「詳細な思い出しの習慣化」が認知機能の低下を防ぐ

ここで付け加えておきたいのは、トラブルを抱えているケースでなくても、**普段から詳細な記憶を思い出すことを習慣化しておくと、認知機能の低下を防ぐと**

同時に、ものごとを順序立てて考えられるようになっていく可能性が高いということです。

過去を美化してしまいがちな性格は変えられなくても、その度合いはだんだん弱まっていき、現実をきちんと受け止められるようになるでしょう。

よって、旅行、子どもの学校行事、お祭り、仲間との集まり、その他イベントなど、記憶に残っている出来事は、できれば写真や動画とともに詳しく思い出すといいです。

ぜひこれを、定着させてください。

そうすれば、加齢にともなう認知機能（おもに短期記憶）の低下によって、昔のいい記憶だけを引っ張りだすという行為に走ることをある程度食い止めることができます。

とくにせっかちな性格な人は要注意。自分の心のなかで「昔はよかった」と思うだけならまだいいのですが、せっかちな人はそれをすぐ口に出してしまうからです。**そのひと言が場を混乱させたり、他人を傷つけたりする**ことに、つながりかねません。

「昔はよかった」と思うことと、それを口に出して言うことは別問題です。誰かに迷惑をかけることになるかもしれないので、せっかちタイプを自覚している人は、ことのほか気をつけたいですね。

「人のふり見て我がふり直せ」が模範解答

◆論理ではなく感情でたたみかけてくる「老害」

続いて紹介するエピソードには、３人の高齢男性が登場します。Fさん、Gさん、Hさんで、私はFさんからこの話を聞きました。

あるときFさんは地元の町の碁会所で、囲碁仲間のGさんとHさんの対局を横から観戦していたそうです。

Gさんは70代後半。Hさんは80代前半。囲碁の腕前は、Fさんも含めてだいたい同じくらいとのこと。

そして〝事件〟は序盤戦で起きました。**手番のGさんが石を打とうとした瞬間、「あ、やっぱりやめよう」と引っ込めた**のです。

これにすかさず、Hさんが反応しました。

「Gさん、待ったはダメだよ。そこは正々堂々といこう」

Gさんも応戦します。

「今のはギリギリセーフ。打つ前に引っ込めたから、待ったにはならないよ」

脇で見ていたFさんも、「本当に微妙なタイミングだった」といいます。石を持つGさんの指は盤面に一瞬触れたように見えるも、石が打たれてパチンという音が聞こえたわけではなく、正直どちらにも取れる状況だったそうです。

序盤戦であることに加え、戦局が大きく変わるような一手ではなかったことから、Fさんは「やり直しを認めてあげてもいいのでは」と思ったそうですが、Hさんは折れようとはしません。

最初は2人とも冷静に話し、ルールの確認などもしていました。

しかし、**論戦は徐々にヒートアップし、いつしか怒鳴り合いに発展**してしまったというのです。

「だからあんたはセコいんだ。飲み代はいつも俺のほうが多く出している！」

「この前、遅刻してきたときのことを、まだ謝ってもらってない！」

高齢者の感情のぶつけ合いが悲しい状況をまねくことも

相手が感情的になっていると思ったら、自分も同じようになっていないか見つめ直す癖を。折れることで丸く収まり、お互いが幸せになることも。

もはや、囲碁の勝負は関係ありません。

Fさんが仲裁に入っても、互いに耳を貸さずに、次から次へと悪口を並べたてる始末。けっきょく、対局は打ち切りとなり、2人とも捨て台詞を吐いて碁会所を去っていったそうです。

この一件に対してFさんは頭を抱え、この先もずっと2人の仲違いが続いてしまうのではないかと心配していました。

◆なぜ老害化が進むのか
警戒が必要なのはもともと気の短いタイプ

争点はGさんの行為が、待ったに該当するか否かです。

囲碁には明確なルールがあり、一度石を打ったら、それをはがしてやり直すことはできません。

でもこの場合、石がしっかり盤面に置かれたかどうかが微妙な状況。Gさんは

「まだ打っていない」と主張し、相手のＨさんは「いやいや、打った」と反論しています。

サッカーなどで採用されているビデオ判定があるわけではないので、この議論はどこまでいっても平行線をたどるでしょう。

だから当然、「今回は待った扱いにはしないが、次に同じようなことがあった場合は待ったとして扱うようにする」や「じゃんけんで決める」など、**両者が納得する落としどころや解決策を論理的に話し合って探していく必要があります。**

ところが、２人は物事を論理的に考えることができず、感情論に走ってしまいました。理由はおもに２つ考えられます。

ひとつは、加齢によるワーキングメモリー（短期記憶を用いてほかの認知機能を実行するための脳の機能）の低下です（※5）。

これが進むと頭の中で論旨を組み立てることが難しくなり、「こうだからこう。

だから、こうしたほうがいい」という論理的な主張が上手にできなくなります。

もうひとつは、前頭葉の機能低下がもたらす感情コントロールの不具合です（※6）。**高齢者になればなるほど、感情を抑えることが困難になっていき、相手に怒りをぶつけたり、強い物言いをしたり、ということが増えていきます。**

もともと気の短い性格の人ほど、その傾向（高い老害力を携えている可能性）が顕著です。ＧさんもＨさんも、少なからずそういう面があったのかもしれません。

相手が若い人であれば、もう少し冷静に話を聞いてくれ、そこまで感情的にならずに済んだかもしれませんが、高齢者同士だったため、事態はどんどんよくないほうに向かってしまいました。

このように、論理を忘れて感情で議論してしまうことによって、「仲間の壁」

が生まれていくのです。

◆老害にならないためのコツ「自分は絶対に正しい！」が状況悪化を助長

今回のケースは、対局していた２人がいずれも「老害」に該当するパターンですが、解決策については、自分が該当する場合と相手が該当する場合を別々にお伝えしていきます。

自分が該当する場合、まずは、**つい感情的になりがちな自分（相手）に気づくことが大切**です。

いったん深呼吸をして、冷静になるように努めましょう。

そして、**どんなに自分に分《ぶ》があると思っても、正しいと信じて疑わなくても、その主張を相手に押しつけない**ことが推奨されます。

言い負かしたり、説き伏せたりすることをよしとせず、自分が折れてあげるくらいの気持ちになれれば、その場は丸く収まる方向に進むでしょう。

この本を読んでいるみなさんは、「老害」と言われないためにはどうすればいいかを真剣に考えていると思いますので、多少の我慢は苦にならないはずです。

また、論理的に考えることが難しくなっている現実に目を向け、頭の中だけですべてを理解しようとしないことも、ひとつの解決策になり得ます。

おすすめしたいのは、**相手といったん距離を置き、紙に絵や文字を書いて、情報を整理すること**です。

現状をまねいた原因や経緯について、ひとつずつビジュアル要素を用いておさらいしていけば、なぜ自分が感情的になってしまったのかを理解しやすくなります。

そうすることによって、次に相手とどう接すればいいか、ベストの答えが見えてくるでしょう。

謝る。歩み寄る。相手の主張を受け入れつつ、自分の譲れない部分をていねいに伝える――などなど。いずれにせよ、「仲間の壁」の解消に向けて一歩前進することは間違いありません。

◆周りの老害に配慮するコツ 暴走する感情に対抗する最善の一手

感情的になっている相手と対峙することになった場合は、**自分までもがカッカしてしまわないように意識すること**が何よりも重要です。

相手の感情を逆なでしてはいけないので、**「論破してやろう」などと絶対に思ってはいけません**。火に油を注ぐだけですからね。

向こうは自分が感情的になっているとはまったく思っていないので、「冷静になってよ」とストレートに伝えるのも逆効果になります。

「自分はいたって冷静だ！」と言い返され、それまで以上にヒートアップしてこちらに向かってくるでしょう。

最も効果的なのは、気が済むまでしっかり怒ってもらうことです。

一度暴走してしまった感情にブレーキをかけるのは至難の業。無視をせず、反論もせず、ちゃんと聞いている態度を示しながら、最後まで付き合ってあげましょう。

人間は、溜め込んでいる感情を思いっきり吐き出すと、そのあとは落ち着きを取り戻すものです。

相手が冷静になったのを確認したら、妥協案を持ち出すなり、やさしく説得するなりして、立て直しを図るのが得策といえます。

さっきまでとはまるで別人のように、驚くほど素直に受け入れてくれるかもしれません。

否定をするなら相手の意見を聞いてから

◆相手をすぐに否定して自分の意見を押し通す「老害」

知人のIさんの住んでいるマンションには管理組合があり、そこでマンションに関するいろいろなことを決めるしくみになっているそうです。

自分たちでできることは自分たちでやろうという方針があり、マンションの入り口や通路などは、住民が手分けして掃除をしているといいます。

Ｉさんによると、この管理組合の役員のなかに、ものすごく押しの強い男性Ｊさんがいるとのこと。正確な年齢はわからず、推定75歳くらいの人といっていました。

先日のマンションの総会でのこと。ある管理組合の役員さんから「掃除が楽になるので高圧洗浄機を導入しませんか？」と提案がありました。

それはいいと、Ｉさんも大賛成でした。

ところが、Ｊさんは頭から大反対。「今までどおりモップや雑巾での手作業で問題ない。大変でもそのほうが絶対にきれいになる」と強く主張し、その結果、高圧洗浄機を導入する提案は見送りとなってしまいました。

Ｉさんは首を横に振りながらこう言いました。

「**他人の意見を頭から否定するので、正直なところ私はＪさんのことが苦手**です」

ほかの役員さんも、表向きは笑顔で応対しているものの、内心は辟易《へきえき》している

ようです。

◆なぜ老害化が進むのか

年をとるほど浮き彫りになっていく問題点

Ｊさんの問題点は、他人の意見をすぐに否定するところにあります。

それが怒りっぽい口調であれば、ひょっとすると相手の言っていることをよく理解できていないかもしれません。

なぜなら、**高齢者は自分の知らないことが話題になると、それがバレないように取り繕《つくろ》うことがある**からです（※７）。

そしてたいていの人は、わざわざ争うことを避けたいという思いがあるので、かなり強いトーンで「ＮＯ」を突きつけてくる相手の意見は、すんなり通しててし

なんでも否定から入る人には誰もついてこない

「自分は絶対に正しい」「相手は間違っている」と決めつけるのはよくない。他人の話を聞かず、自分の主張を押し通そうとするほど老害化は進む。

まう側面があります。

Ｊさん本人は「自分は正しいことを言っているから意見が通った」と思っているかもしれませんが、ほかのみなさんの頭の中はまったく違います。

表面的には笑顔を浮かべていたとしても、「面倒な人とかかわるのはごめん」というのが本音。**Ｊさんの意見を受け入れたのではなく、ただたんにＪさんを避けているだけ**でしょう。

最初のころは周りも渋々ながら付き合ってくれたとしても、それが続くとあっという間に限界がきます。

「あの人の言うことを聞くの、もう嫌になってきた」

「もうあの集まりには行かないようにしよう」

こんなふうに、周囲からどんどん人が遠ざかっていき、気づけば「仲間の壁」ができてしまいます。

これまでは優しく接してくれていた人が、自分の言うことにまったく耳を傾けてくれなくなるなど、さまざまな弊害が出てくるでしょう。

Jさんの問題点はもうひとつあります。

それは、**柔軟な思考ができず、狭い視野でしか考えられていない**という点です。

Jさんは、高圧洗浄機という新しく便利な道具が出てきたことを受け入れられていません。

だから、自分が昔からよく知っていて、安心で確実だと思っているモップや雑巾といった道具にこだわってしまうんですね。

確かに人は高齢になると、新しいものに対して「よくわからない」「昔から使っているものがいい」など、否定的な部分が出てくるものです。

選択肢が増えると、かえって決定しづらくなるということもわかっています（※8）。

これも老害レベルを高めてしまうひとつの要因です。

もしかすると、高圧洗浄機という道具を知らないのかもしれません。

でも、恥ずかしいから「知らない」とは絶対に言えない。

その結果、高圧洗浄機を導入しようという提案を即座に却下したり、これまでどおりモップでの清掃で問題ないと主張したりすることになるわけです。

じつはＪさんのようなこういった言動、誰にでも起きる可能性があります。

高齢になると、無意識でいると新しい情報を入れることが億劫になるし、慣れ親しんだもののほうがいいと思ってしまうように、脳はできているからです。

老害にならないためのコツ

◆とにかく「否定しないこと」からはじめてみる

では、こういった場合にどうすればいいのでしょうか。

Ｊさんのようなタイプの人は、提案や問いに対して、いきなり否定から入る場合が非常に多いです。

否定が口癖のようになっている人もいるでしょう。

でも、逆の立場になって考えてみてください。

あなたが何を言っても、相手が否定から入ってきたら、その人と付き合いたくなくなるのではないでしょうか。

否定から入る癖がついている人は、まずは自分にそういう癖があることを知ることが大切です。

そして、否定ではなく「最後まで話を聞いて、いったん受け止める！」と自分に誓いましょう。

これまでずっと否定を続けてきた人が、いきなり相手の意見を素直に肯定できるようにはなりません。

ですので、**相手の意見を全面的に受け入れなくても大丈夫**です。

相手の意見のなかの「一理あるところ」を探し、「確かにそうかもしれないね」と受け止めるだけでOKです。

これは、肯定でも否定でもなく、さしあたり保留するようなイメージです。でもたったそれだけで、相手に与える印象はがらっと変わります。保留しておけば、あとから意見を吟味することも、調べることもできますよね。**即座に否定するよりも、自分にとっては大きなメリットを得られる**ことになります。

これができるようになれば、老害力が抑えられ、少しずつ相手の意見を素直に受け入れられるようになっていくはずです。

◆スマホで新しいことをするのが億劫な人は危険！

人は高齢になると、新しいものを採り入れるのが難しくなります。

いくら便利であっても、自分が使うとなると抵抗があるからです。

スマートフォンがその典型で、先ほどの高圧洗浄機も、それとよく似たパターンといえるでしょう。

とはいえ、「まずは否定も拒絶もせずに受け止める」ことができるようになれば、その後の話は大きく変わります。

「高圧洗浄機という便利なものがあるらしいぞ」
「知らなかったけど、どういった機能があるんだろう？」
「これくらいの価格なら、それほど無理せずに導入できるかもしれない」

出てきた意見や提案を保留している間に調べることで、さまざまなことがわかりますよね。

考えた結果が賛成ではなく反対だったとしても、「なぜ高圧洗浄機が必要では

ないか」を、相手にわかってもらえるように、しっかり理由を添えて伝えることができるでしょう。

「そんなものは必要ない！」とひと言で意見を退けたわけではないので、周りの人も納得してくれると思います。

そうすれば、「仲間の壁」が生まれることもありません。

◆周りの老害に配慮するコツ　こういう聞き方をすると壁はさらに厚くなる

Jさんタイプの旦那さんが、なんでも頭ごなしに否定してくるので、ずっと困っているという奥さんもいるかもしれません。

それが「老害」であることに気づいてほしい……。

なんとかしたいと思っていても、打開策がなかなか見当たらない……。

頑張って伝えたとしても、即座に否定されてしまって話が続かない……。

これは確かに、ゆゆしき問題です。
「家族の壁」が生まれる原因にもなり得るでしょう。

私も医師として、こういった患者さんに接することがよくあります。話をまとめるのが、なかなか難しいタイプであるのは間違いありません。

こういった家族との対応を上手にされているご家族は、最終的な答えに無理やり持っていくということをせず、あくまで患者さんご自身に答えを出してもらうようにしています。

もちろん、このようにしたからといって、出てくるのが望んでいる答えではない場合もあるでしょう。それでも、できるかぎり相手が答えやすい環境を作ったり、情報を提供したりして判断してもらっています。

このように、**本人に気持ちよく答えを出してもらうというのが、最も適切な打開策**です。

Ｊさんのようなタイプは、政治力や権力、決定権といったものをとても大事にしています。

最終的な結論は自分が出したいという意識があるので、**他者から提示された答えが最適解と思われるものであったとしても、素直に従いたくない**のです。

「この前の総会で話が出ていた高圧洗浄機、あれから私も調べてみたんだけど、すごく便利そうよ？」

このように奥さんが再考を促したとしても、イエスかノーで答えられるものなので、「必要ない」と即答されて終わってしまうでしょう。

しかもこの場合、高圧洗浄機は便利なものであるという結論を、奥さんのほうが出しています。

そういった理由もあるので、なおさら旦那さんは首を縦に振らないわけです。

◆選択権や決定権を相手に委ねるのが最適解

では、どうすればいいか。

「マンションの清掃の件なんだけど、じつは私も最近はモップや雑巾での手作業が苦になってきて……。お父さん、何かほかにいい方法はないかしら？」

このように問いかけてみるのはどうでしょう。

答えを出すのはあくまで相手だと念頭に置いて、質問を投げかけるのです。

Jさんのようなタイプは相手が具体的な提案から入ると、それを否定したくなってしまいますからね。

そうならないように、**選択権や決定権を委ねるように問いかけるのが、話をいい方向に仕向けるためのコツ**です。

簡単ではないので、うまくいかないこともあるでしょう。かくいう私も、失敗したことが何度もあります。

それでも、何度もくり返していると要領がわかってくるものです。

伴侶のことをよく知る奥さんならば、どうすれば気分よく答えてくれるかをイメージもしやすいはずですし、**気長にくり返していけば、なんでも否定する旦那さんが自分の老害ぶりに気づいてくれるかもしれません。**

ぜひ、このテクニックを身につけましょう。

聴力と記憶力を過信すべからず

◆支離滅裂でコミュニケーションが成立しない「老害」

同世代の友人から、長男Kくんの話を聞きました。Kくんがキャプテンとして所属している高校の野球部はいわゆる古豪の名門で、70代前半のベテランOBのLさんが監督を務めているそうです。

高齢ながら、実績は文句なしで、指導も上手。選手や保護者からの信頼も厚い名監督だといいます。

ただKくんによると、「**最近はうまく意思の疎通を図れないことが増えてきて、困っています**」とのこと。「こちらの話をちゃんと聞いてくれているの？」と思うことばかりで、とにかく、コミュニケーションが成立しないそうです。

つい先日はこんなことがあったといいます。

「よく練習し、よく食べて、よく寝ること」がL監督の口ぐせで、夜更かしは厳禁と釘を刺されているのですが、期末テストが近づいてきたこともあり、Kくんはいつもより就寝時刻を遅らせて勉強の時間に充てたいと申し出ました。

「勉強は学生の本分。がんばりなさい」

怒る前に相手の言葉を
ちゃんと聞き取れたかを要確認

自分の意思が相手に伝わっていないと感じたら、すぐに怒ったりせず、ひと呼吸置いて「自分に原因があるかもしれない」と考えてみることが大事。

このような流れだったので、Kくんは続けて提案しました。「翌日の朝練の開始時刻を、少し遅らせませんか」と。

すると……。

「何を甘っちょろいことを言っているんだ。早く寝て、早起きすればいいだけの話だろ！」

ええっ！　**この返答には、正直がく然としてしまったそうです。**

これはほんの一例で、似たようなことは頻繁にあり、仲間の部員たちも異口同音に嘆いているとのこと。指導者としては尊敬していても、**最近は理解不能の言動が増えてきているので、Kくんもちょっと近寄りがたい存在になってきています。**

部員全員で対応策を話し合っているものの、「これだ！」という答えは、なかなか見つかっていないということです。

◆なぜ老害化が進むのか
100%聞き取れていたか否かは曖昧模糊

L監督が部員のみなさんとうまく意思の疎通が図れなくなってきた理由は、おもに3つ考えられます。

まずは、加齢にともなう聴力の衰えです。

年をとるにしたがい、耳が遠くなっていくことはよく理解できると思いますが、じつは**70代で半分近く、80代以上では70%以上の人が難聴になる**ことがわかっています（※9）。

だからL監督は、Kくんの申し出を詳細に聞き取れていなかった可能性があるのです。

もしかしたら、「勉強をしたい」だけ聞き取れて、「遅い時間まで」は聞き取れていなかったのかもしれません。

聞いていないと聞こえていないでは、状況がだいぶ異なりますよね。

◆高齢者の思考が上手にまとまらない深刻な理由

続いて考えられる理由は、これまた年をとることによって見られる記憶力の衰えです。

高齢者は、直前の会話の内容など数秒〜数分の短期的な記憶は比較的保たれる一方、それ以上に時間がかかると記憶が飛んでしまいやすい傾向にあります。また、記憶をとどめておくと同時に頭で考える「作業記憶」は、顕著に衰えます。

すると、**思考がまとまらなくなり、論旨を理解したり、自分で組み立てたりできなくなる**のです。

若いころは「AだからB」「BだからC」「CだからD」というように、論理立てて理解できたのに、この記憶の衰えによってそれが難しくなります。

期末テストがある（A）から勉強をしたい（B）
勉強をする（B）から就寝時刻を遅らせたい（C）
就寝時刻を遅らせる（C）から早起きが難しくなる（D）
早起きが難しくなる（D）から朝練の開始時刻を遅らせたい（E）

これが、Kくんが L監督に伝えた申し出の流れです。

しっかり筋が通っていますし、L監督も「勉強は大事」と主張しているわけですから、否定する理由はどこにもありません。

「遅くまで勉強はがんばりないさい。でも、朝練はいつも通りの時間に参加しなさい」では、さすがに厳しすぎますからね。


しかし、L監督はこの申し出を一蹴しました。

おそらく、**DやEあたりの短期記憶は残っていても、それ以上の記憶や、考え**

ながら覚えねばならないAやBについては欠落してしまっていたのでしょう。

高齢者には、得てしてこういうことが起こりがちなのです。思考がうまくまとまらないのは、高齢になれば誰にだって起こること。キャプテンのKくんはちょっとかわいそうですが、L監督が恥じるようなことは、まったくありません。

◆第一線を退いた高齢者に押し寄せる老害の波

最後に挙げられるのは、自己顕示欲の増加です。

これは、老害レベルを上げる大きな要因になり得るので、ご注意ください。

人間は年をとると、「（とくに若い人に）否定されたくない」「いつまでも大切にされたい」という思いが強くなり、過度に自己主張するようになります。

先ほどのエピソードに登場したL監督は、もろにこのタイプに該当するわけではなさそうですが、キャプテンの提案に対し、「教え子に意見などされたくない」

という思いが生じ、厳しい言葉がついつい出てしまったのかもしれません。

こじらせやすいのは、L監督のように周囲から尊敬される立場にある人ではなく、完全に第一線を退いてしまった高齢者です。

仕事や子育てに励んでいたときは、やりがいを感じ、自信に満ちあふれていたものの、それがなくなったことで、自分たちは必要とされていないと勘違いをするようになります（※10）。

そして、その状況に満足せず、自分を強引にアピールするために支離滅裂なことを口にしてしまうのです。

聴力と記憶力の衰えが、高齢者のコミュニケーション能力を阻害する身体的要因ならば、自己顕示欲の増加は心理的要因になります。

もちろん、その状況が続くと「仲間の壁」が生まれてしまいます。

老害にならないためのコツ

「自分は大丈夫」の慢心が不幸を呼ぶ

コミュニケーションに難のある高齢者は、総じて自らその事実に気づきません。

周囲の誰かがストレートに指摘してくるケースも少ないでしょう。

よって、**まずは「自分は大丈夫かな……」と疑ってかかってみるといい**かもしれません。

聴力は衰えてきていないか。

記憶力が怪しくなってきていないか。

強い自己主張をしがちになっていないか。

少しでも心当たりがある場合は、それぞれに応じた対策を講じるようにしてみましょう。

聴力が不安なら、まずはそれを自覚し、相手の言葉が自分の耳に届いていない可能性を否定しないこと。

そのうえで、耳鼻咽喉科に行って診て（治療をして）もらったり、補聴器の購入を検討したりしましょう。

自力で聴力を回復することはできませんからね。

記憶力に自信がなければ、論理的な思考をサポートするためのなんらかの工夫をすることをおすすめします。

例えば、**紙を用意してそこに絵や図を描いたり、考えている内容を箇条書きにしたりしてみるのが効果的**です。

これだけで、**思考が格段にまとまりやすくなります**。

なぜなら、高齢になって認知機能が低下すると、複数のことを同時にするのが難しくなるからです。

整理したい情報をいったん紙に書き出すことによって、脳はそれを記憶しておく必要がなくなります。

つまり、脳の負担の軽減につながり、そのぶんの処理能力を別の作業に回すことができるので、結果として思考がまとまりやすくなるのです。

◆若いときに見えていたものが見えなくなる不可避の構造

思考の視野が狭く柔軟性を欠いている人は、実際に「目が見える範囲」が狭くなってしまっている可能性があります。


まるで冗談のようですが、これは本当の話です。

みなさんも自覚しているかもしれませんが、高齢になるとまぶたが下がってきて、視野の「上のほう」が狭くなります（※11）。

若いときには45度以上も見えていたものが、まぶたが下がった結果、30度や20度しか見えなくなってしまうのです（※12）。

ここまでくると、信号機などが離れなければ見えなくなるため、危険極まりないといえるでしょう。まぶたが大きく下がる「眼瞼下垂《がんけんかすい》」という病気だと、眼科での診察や手術が必要となります。

目で実際に見えている範囲のうち、うまく使えている範囲のことを「有効視野」と呼びますが、じつはこれが認知機能と密接に関わっています。最近の研究では、この**有効視野が広がることで、考え方や思考の視野も広がる**ことがわかってきました。

まずは、Ｐ１０１に掲載している「有効視野を広げるトレーニング」を試してみましょう。

有効視野が広がることで生活の安全度が上がり、さらに思考の柔軟性も取り戻せますから、まさに一石二鳥といえます。

必ずやいい効果をもたらし、「仲間の壁」の排除に貢献してくれるでしょう。

最後に、**自己主張の強さを自覚している場合は、それを意図的にセーブするようにすることと、自分で思っているほど周囲の評価は低くないし、否定的でもないと意識することが、とても大切**になってきます。

ぜひ、自分を誇ってください。

そして、自信を持ってください。

被害妄想のような負の感情にとらわれるのはもったいないです。

オーバーに自己主張をしなくても、周囲の理解をしっかり得られていることを察しましょう。

それができるようになれば、老害レベルは確実に下がっていきます。

◆周りの老害に配慮するコツ

意思疎通を阻む原因の究明が状況改善への第一歩

自己主張の強すぎる高齢者とのコミュニケーションに難儀している人が最初に取り組むべきことは、その原因を突き止めることです。

加齢による聴力や記憶力の衰え、もしくは自己顕示欲の増加。どこに原因があるのかがある程度見えてきたら、対策は立てられます。

聴力の衰えが原因なら、相手に自分の声を聞き取ってもらいやすくするようにしましょう。

大声を出すのではなく、できるだけ正面から近づき、ゆっくりと話してあげると、高齢者は聞き取りやすくなります。

耳が遠くなっていることをいえる間柄であれば、相手が傷つかないように、やさしくその事実を伝えてあげるといいかもしれません。

短期記憶の衰えに端を発するとおぼしき、論理的思考の破綻を感じたら、「少し前の話は覚えていない」ことを前提に、こちらが伝えたいことをしっかり理解してもらえるように、そして覚えてもらえるように努力することが求められます。**ベストといえるのは、先ほども紹介したように、情報を絵や図、文字などで可視化すること**です。

スケッチブックやホワイトボード、タブレットなどを上手に使って、一つずつ確認しながら説明していくと、相手の理解度は格段に高まります。

私も高齢の患者さんに白内障などの手術をする際、メリットやデメリットなど、細かい内容を口頭で伝えるも、あとで「そんなことは聞いていない」と言われることが何度もあったので、今では文字や絵を使うなど、あらゆる工夫をこらしています。

それにより、患者さんとの行き違いは大幅に減り、手術前の説明に苦労することはほとんどなくなりました。

情報の見える化、本当に大事ですよ。

自己顕示欲の増加を感じる場合は、とにかく折れる――この一手に尽きます。

高齢者は自分を認めてほしい、否定されたくないと思っているので、それを受けて入れてあげるのがいちばんスムーズです。

対抗意識を燃やして、正論をぶつけたり、反論をしたりするのは絶対にやめましょう。

実際に折れなくても、**折れている「体」で接するかたちでも構いません。**

高齢者には、論理的な記憶は残らず、感情の記憶だけが鮮明に残るという特徴があります（※13）。

ただただ、関係を悪化させるだけなので、挑発的な態度は無意味以外のなにものでもありません。

そんなことをしたら、「仲間の壁」が消え去る瞬間は、永遠に訪れないでしょう。

親しさは距離感を詰める理由にはならない

◆距離感にズレがありセクハラの概念を持たない「老害」

「バイト先のコンビニオーナーのMさんが最悪なんだよね」

これは、医師仲間のひとりから聞いた、娘さんのバイト先での出来事に関する話です。先のセリフはその娘さんのもので、店を取り仕切るオーナーMさんに怒り心頭のご様子とのこと。

Mさんの年齢は推定70代前半。店内にお客さんがいなくなると、くだらないオヤジギャグと、娘さんのわからない古い話を連発してくるそうです。

そして娘さんが苦笑いをすると、うれしそうな顔をして「まぁ、しゃーねーよ。俺は昭和の男だもん」をくり返すといいます。

セクハラ発言や、それに近い行為も日常茶飯事。

「彼氏できたんだろ？」

「やることはやったのか？」

「今度、写真見せてくれよ」

そう言って、いつもニヤついているそうなのです。

「発言の中身も最低だけど、何より嫌なのは距離感の近さなんだよね。声の大きい人だから、離れていても言葉は聞こえてくるのに、**会話をするときは必要以上**

にこっちに近寄ってくるのよ」

娘さんの怒りはまったく収まりません。

露骨に嫌な顔をするわけにもいきませんから、当然ストレスは溜まりまくりますよね。

辞めればいい、という話かもしれませんが、ほかのバイト仲間はいい人たちばかりで、なおかつ仕事内容のわりに時給がいいということもあり、なかなか踏んぎりがつかないとのこと。

「もちろん、そのコンビニで働いているスタッフは、全員同じ気持ち」ということでした。

話の内容だけでなく距離感にも気を配ることが大切

自分の若いころの常識的な感覚で若い人に恋愛話をすると、ほとんどがセクハラに該当すると思っていたほうがいい。それくらい、感覚のズレがある。

◆なぜ老害化が進むのか

セクハラを軽く考えていると痛い目にあうのが現代

先にお断りしておきます。

現代とまったく違う価値観の昭和の時代を生き抜いてきた高齢者、とくに男性には、セクハラをなんとも思っていない人が多いのです。

しかし、**すべての高齢者がその傾向にあるわけではない**ので、そこは勘違いのないようにお願いします。

セクハラをする人は、もともとそういう気質を持っている人で、年齢を重ねて抑制がきかなくなったことにより、顕著になったとお考えください。

だから、「高齢者はよくセクハラをする」は誤った認識です。

とはいえ、セクハラをしない人でも、世代的に今の若い人たちと持っている感覚が違う点は否めないでしょう。

何がセクハラに該当するか。

どこまでならセーフで、どこからアウトになるのか。

その基準には、大きなズレがあります。

ことあるごとに、「昔であれば、これはセクハラでもなんでもない」と言う高齢者が多いことが、その事実を証明しているといえるかもしれません。

実際にそのとおりなのでしょうが、**今は世の中全体の倫理観が向上しているので、その現実を受け入れ、感覚をアップデートしなければならない**でしょう。

これまでは大きなトラブルに発展することがなかったとしても、今の時代はその姿勢を改めていかないと、訴えられるリスクを高めることになります。

スマホが1台あれば、音声や映像などの〝証拠〟を、いくらでも残すことができますからね。

◆セクハラ老害を生みだす多岐にわたる原因

セクハラをする理由、というより、相手にセクハラととられてしまう理由のひとつに、聴力の衰えが挙げられます。

高齢者は、相手の言葉がうまく聞こえなかったとき、その後のコミュニケーションを円滑にするために、「聞こえたふり」をすることが多いです。

ふりをする以前に、相手の発した言葉の存在に、まったく気づいていないこともあるでしょう。

例えば、入院中の介助の場面で看護師さんが「服を脱がしますね」と本人に伝えているのに、それが聞こえていないということがあります。

そして、看護師さんが服を脱がし始めると、「なんだよ、いきなり脱がせて裸にしやがって。エロいことでも考えてんのか？」になるわけです。

こういった**コミュニケーションの齟齬《そご》が、セクハラを生む**ケースがあります。

また、コンビニオーナーのMさんのように、セクハラをする高齢者には、相手の表情や感情を読むのが苦手であることに加え、距離感の見積もりが甘い、という共通点もあります。

高齢者は相手が嫌がっている、うれしいというのを読むのが若い人よりも不得意なので、言葉どおりにとらえたり、勘違いをしたりしてしまうことがよくあるのです（※14）。

適切な距離感がわかっていない高齢者も多く、いわゆる相手の「パーソナルスペース」にずけずけと踏み込んでしまっても、それに気づきません。

医療の現場では、高齢の男性患者さんにお尻を触られる、という女性看護師さんが後を絶ちません。

これは、やさしい言葉をかけてくれたり、身の回りのことを世話してくれたりする看護師さんを、「いい関係にある人」「近い距離感にある人」と勝手に思い込むために起こります。

「仲がいいんだから、それくらい問題ないだろう」

とんでもありません。

問題、大アリです。

看護師さんは、仕事でやっているから物理的な距離が近くなるだけであり、心理的な距離まで近くなっているわけではないですからね。


そして、奥さんや旦那さんなど、**配偶者に先立たれてしまった単身の高齢者も、他人との距離感が不安定になりがち**です。

配偶者と死別したことにより「孤独」が生まれ、社会から必要とされているという感覚が薄くなります（※15）。

それにともない、自分に親しくしてくれる人の希少性が増し、価値が大きくなり、依存性が高まり、結果的に近い距離感を求めるようになるのです。

気持ちはわかりますが、あくまでそれは一方的な感覚といわざるを得ないでしょう。

老害にならないためのコツ
◆絶対に覚えておくべき！　セクハラの定義

セクハラをしている自覚のある人、自覚がなくてもそれを指摘されたことがある人は、その事実を重く受け止めてください。

くり返しますが、時代は変わりました。

過去の常識や倫理観は通用しません。

程度によっては、訴えられることも考えられます。

まずは、そういったリスクがあることを認識したうえで、何がセクハラに該当するのかを、しっかり押さえておきましょう。

ハラスメントは、相手が不快に感じたらその時点ですべてが該当するといわれており、当然個人差は出てきますが、セクハラに関しては次のように法律で定義されています。

「職場における性的な言動に対する他の従業員の対応等により当該従業員の労働条件に関して不利益を与えること又は性的な言動により他の従業員の就業環境を害すること」

法律の条文なのでちょっとわかりづらいですが、**噛み砕いていえば、「性的な言動によって、ほかの職員を不快にさせたり、不利益を生じさせたりすること」**になります。

当然、言動だけでなく行動も含まれますし、男性から女性だけでなく、女性から男性に対して行われる行為も対象になります。

さらに職場以外の環境においても、セクハラは「人格権侵害」として認められ

無自覚のセクハラ　あなたは大丈夫？

スリーサイズを聞くなど身体的特徴を話題にすること
聞くに耐えない卑猥《ひわい》な冗談を交わすこと
体調が悪そうな女性に「今日は生理日か」「もう更年期か」などと言うこと
性的な経験や性生活について質問すること
性的な噂を立てたり、性的なからかいの対象とすること
「男のくせに根性がない」「女には仕事を任せられない」「女性は職場の花でありさえすればいい」などと発言すること
「男の子、女の子」「僕、坊や、お嬢さん」「おじさん、おばさん」などと人格を認めないような呼び方をすること
性的指向や性自認をからかいやいじめの対象としたり、性的指向や性自認を本人の承諾なしに第三者に漏らしたりすること
ヌードポスター等を職場に貼ること
雑誌等の卑猥《ひわい》な写真記事等をわざと見せたり、読んだりすること
身体を執拗《よう》に眺め回すこと
食事やデートにしつこく誘うこと。
性的な内容の電話をかけたり、性的な内容の手紙・Ｅメールを送ること
身体に不必要に接触すること
浴室や更衣室等をのぞき見すること
女性であるというだけで職場でお茶くみ、掃除、私用等を強要すること
性的な関係を強要すること
カラオケでのデュエットを強要すること
酒席で上司の側に座席を指定したり、お酌やチークダンス等を強要すること

ています。

代表的な行為を一覧にしたので、ご確認ください（※人事院のホームページから抜粋）。

これをやったら、即アウトです。

◆仮想世界を利用して表情や感情を読む練習を

セクハラの定義を頭に入れたら、次は実際にセクハラをしないための対策が必要になります。

聴力を鍛えるトレーニングとしておすすめなのは、テレビやラジオのボリュームを通常よりも少し下げて聞く方法です。

いつもより聞こえにくくなるぶん、聞くことに集中するようになり、「聞き取り漏れ」の解消を促してくれます。

それでも効果がない場合、もしくはボリュームを下げるとまったく聞こえない場合は、病院を受診するなり、補聴器の購入を視野に入れるなりしましょう。

また、**喜怒哀楽のはっきりした映画やドラマを積極的に見るようにすると、表情や感情を読む練習になります**（※16）。

◆距離感のズレを是正するための賢いアプローチ

距離感の見積もりの甘さの原因は、物理的な面と、心理的な面の両方に当てはまる場合があるので、別々にアプローチしましょう。

まず、**視力の低下によりうまく距離感をつかめず、知らずしらずのうちに近づいてしまう**ことがあります。

その恐れがある場合は、視力検査を受けたり、自分で片目ずつ隠して感覚を確認したりしながら、異常の有無をチェックしましょう。

おかしいと感じたら、治療や矯正（眼鏡の着用など）をしてください。

心理的な原因としては、**「自分は女性にとって性の対象になっていない」と考えている高齢者が多い**ことがおもに挙げられます。

子どもと年寄りは、ちょっとくらいスケベなことを口にしても許される――そう思っている人がとても多いのです。

ところが、女性の側はまったくそのように思っていません。子どもはさておき、高齢者は立派な大人です。

セクハラをされたら、不快に思いますし、傷つきもします。

高齢者は、自分のことを実年齢より2割ほど若い（80歳ならば、ここから2割を引いた64歳）と思う傾向にあり、それが年下の女性との心理的距離感を勝手に詰めてしまう一因にもなっています（※17）。

他人に親しみを感じるのは決して悪いことではありませんし、いつまでも若々しい気持ちでいることも大切です。

でも、自分の立場と相手との関係性を誤って認識することにより、セクハラを起こしてしまうのはよろしくありません。

一度胸に手を当てて、身近な人に対する自分のこれまでの言動や行動を、思い返してみてはいかがでしょうか。

周りの老害に配慮するコツ

◆あの手この手でセクハラを自覚してもらう

では、身近にセクハラが常習になっている高齢者がいる場合は、どのように対処すればいいでしょうか。

まず、**その人の行為がセクハラであると伝えることが、最優先にして最重要の課題**になります。

「それはセクハラですから、やめてください（やめたほうがいいです）」

そこまでストレートに言うのが難しい間柄であれば……。

「それを言うと（やると）、セクハラになってしまう（と言われてしまう）かもしれませんよ」

というように、やわらかく伝えてあげましょう。

指摘された側の高齢者の性格にもよりますが、「まずかったかな」と思い、セクハラ自体をやめる、もしくはセーブする、という道を選択してくれるかもしれません。

相手との関係上言えない場合や、指摘しても「それくらいじゃセクハラにはならない」と意に介さなかったり、開き直られたりした場合は、できるだけその人と距離を置くようにしましょう。

それが難しければ、然るべき窓口に相談する。

解決の道が見つからず、耐えられないほどの苦痛を感じる場合は訴訟する。

というように、ひとつずつステップを踏んでいくといいのではないでしょうか。

聴力や視力の低下が少なからず影響していると考えられるケースなら、検査をしたり、治療やトレーニングをしたりすることを促してください。

喜怒哀楽に富んだ内容の映画やドラマを勧めることも、忘れないようにしましょう。

いずれにせよ、**セクハラという残念な行為によって生じてしまった「仲間の壁」を壊すためには、本人にその自覚を持ってもらうことが何より重要**――このことをつねに意識しておきたいですね。

この世には相手に嫌がられる親切も存在する

◆親切心があふれすぎて自分が見えなくなっている「老害」

私は高齢者に関する情報を得るために、チャンスがあれば性別や年代を問わず、いろいろな人から話を聞くようにしているのですが、先日は、とあるご縁で知り合った20代男性のNさんから、次のようなエピソードを聞かされました。

Nさんは1カ月ほど前から、家の近くにあるジムに通い始めました。

ジム初心者ながら、**事前にネットでトレーニングの基礎知識を学び、別のジムでインストラクターをやっている大学時代の友人からアドバイスをもらい、万全**

の態勢を整えていました。

数回利用して、自分のペースをつかめてきたし、少しずつトレーニングの効果を実感できるようにもなったそうです。

そんなある日のこと。常連さんたちからOさんと呼ばれている高齢男性が、Nさんに話しかけてきました。

「違う違う。そのマシンは20回2セットよりも、10回3セットのほうが効果的なんだよ。ほら、やってみな。お兄ちゃん、初心者だよな？」

そのほかにも、使用するマシンの理想的な順番や、自分に合ったベストの負荷（重り）の探し方など、次から次へと助言をしてきたといいます。Nさんからは、何も尋ねていないのに。

Oさんは満面の笑みを浮かべ、「わからないことがあれば、なんでも俺に聞きな」と〝ダメ押し〟をしてきました。

「Oさんのアドバイスが的確かつ、僕自身も納得のいくものであれば問題なかったのですが、どれもこれもピントがズレている印象で、現役インストラクターの友人の話と違う点も多々ありました」

これがNさんの正直な心境です。

だからといって、状況的に無視をするわけにはいきませんし、「それは間違っています」とシビアに反論することもできません。

Nさんは「あ、ありがとうございます」と答えるしかなく、Oさんの視界のなかにいるときは、言われたとおりにトレーニングしている〝ふり〟をするしかありませんでした。

ペースが乱されてしまい、トレーニングには身が入りません。

はっきりいって、うっとうしかったそうです。

相手がそのアドバイスを求めているかを考えてから行動に

インターネット社会が進んだ今、持っている情報は若者のほうが豊富かつ質も高い可能性がある。善意の「教え」が、時に有難迷惑になることも。

◆なぜ老害化が進むのか

悩ましい状況を生んでしまう100％の善意

若い人からしてみたら、Oさんは「老害」以外のなにものでもないでしょう。おせっかいにもほどがありますからね。

なかなかの老害レベルです。

でも、これだけは理解しておく必要があります。

Oさんはおそらく100％善意でやっています。悪意はゼロ。若者を助けてあげようという親切心に満ちあふれているはずです。

仮に相手が若い女性だったとしても、下心はいっさいなしに、同じようにアドバイスを送っていたことでしょう。

Oさんのような人は、まさにそういうタイプなのです。

でもそれが、老いハラを受ける要因になってしまいます。

今の若い人たち、とりわけデジタルネイティブといわれる世代は、あらゆる情報を自分で調べ、そのなかから有益なものを選び抜くスキルを持っています。キャリア豊富な年長者よりも詳しかったり、最新最適の情報を持っていたり、というケースも珍しくありません。

これに対しＯさんの世代は、仕事も趣味も遊びも、上の世代から教えてもらい、下の世代に伝えていくのがあたりまえという価値観のなか、人生を送ってきました。

それゆえに、同じ組織やコミュニティにいる若者に対しては、**「自分のほうがよく知っているから、教えてあげる義務がある」**と自然に思っています。

この感覚の違いが大きな齟齬を生み、両者の間に「仲間の壁」をつくってしまうのです。

そしてこの構図は、とても面倒な状況をまねくことになります。

たとえ一方的であっても、年長者から教えられた若者は、その行為をないがしろにできないため、その場しのぎの社交辞令で頷いたり、感謝の念を示したりします。

すると教えた側は、これを成功体験ととらえて調子に乗り、勢いを増してまた同じことをくり返すのです。

その結果、**高齢者は善意が実ったと（勘違いして）満足する一方で、若者は彼らを「老害」と呼ぶシーンが増えるという、なんとも残念すぎる循環が生まれてしまいます。**

◆老害にならないためのコツ
「自分たちの常識＝若者の常識」は成立しない

自分はOさんタイプかもしれない……。

そう思った人は、若者と自分たちの世代との意識の違い、常識や社会構造そのものの変化に目を向けるようにしましょう。

今の若い人たちは、個性を重視し、ステレオタイプな手法や思考を、歓迎しない傾向にあります。

誰もがみな、年長者から何かを学び取りたいと思っているとは限りませんし、そもそも学ぶ必要がないかもしれません。

もしかしたら、持っている知識はあなたより上回っている可能性もあります。


会社における仕事もそうです。

昔はがんばれば給料が上がり、やりがいのある仕事を与えられ、上司に気に入られれば出世しやすい――そんな構造でしたし、それを目指している人たちばかりでした。

ところが、**今はがんばっても、上司の話を聞いても、給料が大きく上がるわけではないので、そもそも出世を望まなかったり、最初からあきらめたりしている**

若者が大半を占めるようになりました。

だから、たとえ上司が部下のことを思っていたとしても、過剰に指導すると煙たがられてしまうのです。

◆若者の同意や感謝を鵜呑みにしてはいけない

「飲みニケーションが大事」

「一対一のほうが腹を割って話せる」

これも通用しません。

部下を飲みに誘っただけでアルコールハラスメント（アルハラ）やモラルハラスメント（モラハラ）と扱われてしまいますし、**男性の上司が女性の部下と一対一で話す状況をつくったら、セクハラ**といわれかねません。

事実、一部の外資系企業などでは、男性社員と女性社員が同じ部屋で一緒になるときは、必ずドアを開け放つというルールを採用しているほどです。

すべて親切心でやっているのにどうして。

そう思うかもしれませんが、相手はそれを親切とは受け取ってくれない可能性がある（というよりその可能性が高い）ということを、今一度、強く心に刻みましょう。

笑顔で「わかりました」「ありがとうございます」と返してくれたとしても、それが本心ではないかもしれません。

内心では「嫌だなぁ」「面倒くさい」と思っているのが、今の若者です（もちろん、そうではない人もいますが）。

飲みに誘った部下がついてきてくれたことに気をよくし、「本当は早く帰りたいんだけど、お前のためだからしかたねーか（笑）」などと軽口をたたいている裏で、じつはあなたよりももっと早く帰りたがっている部下を引き留めてしまっている――この現実を理解しましょう。

若い世代の人たちと良好な関係を築き、「仲間の壁」を解消するためには、常識や社会構造の変化を受け入れる必要があります。

若い人たちも、年長者を「老害」と決めつけて、いっさい耳を貸す気がないわけではありません。

押しつけがましくなく、納得のいくことであれば、ちゃんと話を聞いてくれるでしょう。

お互いに歩み寄り、妥協点を見いだしながら、うまく付き合っていくことを目指せば、状況は大きく改善するのではないでしょうか。

◆周りの老害に配慮するコツ

高齢者をビビらせることで身の安全を守る

自分の周りにOさんのような高齢者がいる場合は、何より彼らに悪意はなく、100%善意でやっていることを理解しましょう。

結果的にズレが生じているだけで、若い人たちのことを思ってくれているのです。一生懸命になりすぎているだけなのです。

その大前提を念頭に置いたうえで、私は２つの対応策をご提案します。

まずは、**周囲からの信頼が厚く、なおかつ発信力のあるキャラクターになること、もしくはそう思われるようにすること。**

これを目指してください。相手の老害力をダウンさせる効果があります。

会社で一定以上の役職に就いている人などは、同じ組織内で自分の悪い噂が流れることをとかく嫌います。

信頼度も発信力も高い部下への接し方を誤り、ハラスメントがあったなどという話を広められたら、たまったものではありません。

そんなキャラと認識させることができたら、おそらく向こう（上司）のほうが距離を置いてくるはずです。

飲みにも誘ってこなくなるでしょう。

◆面倒な相手に対しては逆転の発想で切り回す

続いておすすめするのは、いっそのこと面倒な相手の懐に入ってしまうという方法です。

その相手が自分の敵になり得るのなら話は変わってきますが、感覚のズレがあるだけで、全力で味方になってくれようとしているわけですからね。

その善意を全身全霊で受け入れて、仲良くなりすぎるくらいの関係を築くのも悪くはないでしょう。

喧嘩をしたり、敵対したりするよりははるかにましです。

とことん聞き役に徹し、酔っぱらって同じ〝武勇伝〟が飛び出しても「それ、前にも聞きました」とは言わず、相手が違うと思うことを口にしても反論はせず、気持ちよくしゃべってもらいましょう。

「そのスタンスでいく」と決めたら意外にストレスは溜まらないものですし、相手の意外ないい面が新たに見えてくるかもしれません。

〝平和外交〟で「仲間の壁」をなくすことができれば、まさに願ったり叶ったりではないでしょうか。

自信を持つのは悪くないが出しすぎには注意

◆自信とプライドを捨てられない慇懃無礼な「老害」

先日、知り合いの中年女性Ｐさんが、パート先のスーパーにおける老害ネタを提供してくれました。

そのスーパーの店長が、こんな愚痴をこぼしてきたそうです。

「先月、高齢者雇用枠で新しく入ってきたQさん、いますよね。物腰はやわらかくて、年下の私に対しても敬語なんだけど、いちいち意見を言ってくるので困っているんですよね。お店のルールはあるし、私のやり方にも従ってほしいのに、『それはやらないほうが効率的ですよ』とか、慇懃無礼《いんぎんぶれい》極まりない（苦笑）。Pさんも、Qさんから何か言われませんでした？」

これには、ただただ頷くのみだったといいます。

なぜなら、**Pさんも Qさんから、何度もマウントをとられ、上から目線のアドバイスをされていた**からです。

聞けば、Qさんはかつて貿易会社にお勤めで、部長まで出世したキャリアの持ち主とのこと。おそらく、自信があってプライドも高いのでしょう。

だからでしょうか、**何かにつけて、低姿勢かっていねいな物言いで、遠回しに、Pさんに〝指図〟や〝叱責〟をしてくる**そうです。

でも、貿易会社の仕事とスーパーの仕事はまったく異なります。

Pさんはパート歴10年以上のベテランで、Qさんはその職場では新人です。

Pさんのほうが仕事はでき、もちろん店長もそれを理解しているとのこと。それを察していないのはQさんだけなので、このままいくと、店舗のスタッフ全員から総スカンを食ってしまうかもしれないといいます。

「根はいい人ですし、悪気がないことはわかっているのですが……」（Pさん）

◆なぜ老害化が進むのか

「根拠のある自信」が残念な勘違いを生む

高齢化が加速し、高齢者雇用も推進されるようになった現代の職場を、まさに象徴するような〝あるある〟ですね。

日本全国津々浦々、どこの職場にもQさんのようなハイレベルな「老害」は必ずいると思います。この状況を生んでいる原因のひとつに挙げられるのが、Qさんが現役バリバリで働いていたときの時代背景です。

ひと昔前は、非正規雇用の人はほとんどおらず、その一方で中間管理職などのポストが多く存在しました。

Qさんは部長にまで出世したようですが、そこまでいかずとも、**ある程度の役職まで昇進した経験のある高齢者は多くいます。**

だから総じて、自己肯定感や自己有能感が高いのです。

しかし、いくら「自分は仕事ができる」と思っていても、畑違いの職場でそれは通用しません。

プロサッカー選手が、現役を引退した直後にプロ野球のコーチを務められるわけがない――それは誰でもわかることなのに、Ｑさん世代の高齢者は「仕事」というものすごく大きなカテゴリーでとらえ、**「貿易会社で実績を残してきた自分なら、スーパーでも力を発揮できて当然。自分より若い人たちに教えてあげないと」と勘違いしてしまう**傾向にあるのです。

これ認識のズレが、「仲間の壁」を生じさせる原因になります。

また、**高齢者は自身の体力や筋力の低下も忘れがち**です。

いつまでも若いつもりでいて、頭の中では体を動かせるイメージでも、実際にはそれがともなわない、というケースはよくあります。

とくに、デスクワーク主体の仕事をしていた人が、体を使う仕事をするようになると、自分の想像以上に理想と現実のズレが生じます。

「郷に入っては郷に従え」にならう姿勢を忘れずに

自分があるジャンルの技術を究めたとしても、畑違いの場所でそれはほとんど通用しない。自分の力を過信すればするほど、老害化が進むことになる。

周りの若い人たちと同じことをしていても、すぐに疲れたり、動きが緩慢になったり、面倒に感じたり……。

「頭ではわかっていても、体がついてこない」

そんな状態に陥るのです。

老害にならないためのコツ
◆謙虚さと前向きさが壁のない世界をつくる

定年退職後に、それまでとはジャンルや仕事内容の異なる職場で働くことになった（あるいはすでに働いている）人は、このＱさんのようになっていないか、言動や行動を思い返してみるといいでしょう。

「ひょっとしたらあのとき……」

というように、少しでも思い当たる節があれば、次に挙げる２つのことを意識して老害力をセーブするようにしましょう。

まずは、**新分野の仕事は、以前と同じようにはいかない**ということです。自分では「できる」と思っていても、実際にできているかどうかを判断するのは他人（Qさんの場合は店長さんや同僚）です。「ちょっと足りない」どころか、「まったくできていない」と評価されている可能性もあります。

過去の別分野の仕事における経験をもとに、誰かに何かを教えたくなったとしても、それをすぐに口にしないことも大切です。

それが、その職場で求められていることや、正しいことに該当するとは限りませんからね。

自分を卑下する必要はありませんが、**「まだまだ新人だからでしゃばらない」と謙虚になったほうが、周囲との関係性もきっとよくなり、「仲間の壁」も解消に向かう**でしょう。

「自分には伸びしろしかない」と前向きに考えることもできますし、実際にどんどんその仕事のスキルは上がっていくと思います。

その際、ここぞとばかりに過去の経験が活きてくることもあるでしょう。

もうひとつ意識したいのは、体力と筋力の低下です。

加齢によって、体を思ったとおりに動かせなくなるのは仕方のないこと。だから、それを悲観する必要はありません。

要は、**それを受け入れて、その現状に合った動き方をしたり、対策を立てたりすればいい**ということです。

ハードな走り込みや筋トレはいりませんが、日々のウォーキングに加え、できればスクワットなどの簡単な運動を習慣にするといいでしょう。

上半身よりも、下半身や足腰を鍛えると、とくに立ち仕事の場合は大きな効果があります。

栄養面では、筋肉維持に欠かせない必須アミノ酸のもととなるタンパク質、疲労回復効果のあるビタミンB、血液凝固や骨の健康維持をサポートしてくれるビタミンKをしっかり摂取することを心がけてください（※18）。

◆周りの老害に配慮するコツ
「できた」「できなかった」の基準を明確に

では、自分の職場にQさんのようなタイプの人がいたらどうすればいいか。

禁止事項は、反論したり、正論を述べたり、ダメ出しをしたり、露骨に新人扱いをしたりしないことです。

ただたんに相手の自尊心を傷つけるだけで、なんの問題解決にもなりません。

とはいえ、そのままにしておいたとしても、壁のできた状況は変わらないので、Qさんタイプの人に「意外に自分はできていない」ことを自覚してもらう必要があります。

推奨できるのは、**指示をできるだけ具体的にする**ということです。

例えばスーパーの品出しをするタイミングでいうと、「たまごのパックが残り少なくなったら補充してください」ではなく、「残り10パックを切ったら」というふうに、数を明確にします。

すると、残り7パックの状態なのに補充されていないなど、指示どおりにできなかったときはその事実が明らかになり、指摘してあげることができますからね。

「少なくなったら」だと、いくつが「少ない」基準になるのかで齟齬が生じる可能性があり、「自分は残り3パックくらいになったら補充しようと思っていた」などと反論する余地を与えることになります。

このように、高齢者の新人従業員に合わせてルールやシステムを構築していくと、職場サイドにもメリットが生まれることがあります。

ハードルを下げることによって、あらゆる年代の、どんな性格の人でも働きや

すい環境ができあがるからです。

できない人を置いてきぼりにするのではなく、誰もができることを目指していけば、「仲間の壁」が解消されるどころか、その職場全体が明るく居心地のいい雰囲気に包まれるかもしれません。

変えられない価値観の押しつけはご法度

◆「丁稚奉公」をあたりまえと考える時代錯誤な「老害」

ここでも、P230で紹介したのと同じNさん（20代男性）から聞いた話を紹介します。

Nさん自身ではなく、幼なじみのRさんに関するエピソードです。

Rさんは、２年ほど前に金属加工業を営む小さな会社に就職しました。

いわゆる〝町工場〟です。

最初はやる気満々で、いきいきと働いていたのですが、最近は「続けていけるかどうか、自信がなくなってきた」と弱音を吐くようになりました。

どうやら、ひとりのベテラン職人に、頭を悩ませているようなのです。

「Sさんていう70歳近い大先輩なんだけど、典型的な昔かたぎの職人で、むちゃくちゃなことばっかり言ってくるんだよね。『サービス残業なんてあたりまえ』とか、『技術が得られる環境に身を置かせてやっているんだから、逆に金を払ってほしいくらい』とか。いったい、いつの時代の話だよって思わない？」

これにはNさんも驚きのあまり唖然《あぜん》としてしまったとのこと。こういう絶滅危惧種のような人が、現実に存在するんだと……。

Sさんにとっては、コンプライアンスとか、働き方改革とかは、おそらく異世界の概念なのでしょう。

Rさんによると、中間世代の先輩たちは同情こそしてくれるものの、年齢的にも立場的にもSさんには逆らえず、助けてくれる様子はないとのこと。それだけ、Sさんの老害ぶり（老害レベルの高さ）が際立っているそうなのです。

◆なぜ老害化が進むのか「自分の成功体験＝正解」はまったく通用しない

絶滅危惧種にはなりつつありますが、それでもまだまだいらっしゃいます。Sさんのような人は。

今の若い人たちが非常識としか思えないようなことを平気で口にしてしまう理由は、おそらく次の3つです。

（1）自分の価値観をなかなか変えることができない
⇓頭では時代の変化を理解していても、体がそれについていけてない

（2）町工場の職人の世界では自分のやり方が正しいと思っている
⇓コンプライアンスや働き方改革といった概念は、大企業だけに関係のある話としかとらえていない

（3）本気でRさんのためを思って言っている
⇓すべて善意からくる行為であり、パワハラ、嫌がらせ、いじめなどという感覚はゼロ

Sさんのようなタイプは、すべて「よかれ」と思ってやっています。
とくに（3）に関しては顕著で、**自分はそうやって苦労してきたから、成長で**

今の若者に「丁稚奉公」の概念はないと思ったほうがいい

仕事に執着がなく、出世欲もない若者が増えてきている。老害にならないためには、その姿勢を否定したり、自分の意見を押しつけたりしないこと。

きたし、稼げるようにもなったという思いが強く、後輩たちにその感覚を押しつけてしまうのです。

だから悩ましい問題であり、Rさんや中間世代の先輩のように、逆に意見を言ったり、反論をしたりすることができないのです。

これでは「仲間の壁」が生まれるのも当然といえます。

◆老害にならないためのコツ　「手に職をつければ一生食える」はすでに遺物

町工場の職人さんでなくても、Sさんのように**「若いうちはたとえ無報酬でもがんばって技術を身につけたほうがいい」「若いころから楽をすると、将来苦労する」と考える高齢者は多い**です。

実際にそれが正解だった時代もあるでしょう。

一部の世界では、まだまだ通用するという可能性もあります。

だから、Ｓさんのような考えを頭ごなしに否定することはできません。

しかし、今の時代にそれを押し通すのは難しいです。

仕事に対する価値観が変わったことも当然の理由として挙げられますが、実際問題として、**「手に職をつければ一生食っていける」が通用しなくなった**点も見逃せません。


ＡＩが進化し、便利なロボットが次から次へと作られるようになりました。

将来的に、この状況はもっと進んでいくことでしょう。

だから、どんなに苦労して技術を身につけたとしても、一瞬にして機械に取って代わられる、ということが起こり得ます。

手に職をつけても、それが一生ものの価値を持つとは限りません。

若い人たちはそのことを理解しています。

理解しているからこそ、**「無報酬でも技術を習得」ということは望んでいない**

ですし、誰もが出世、お金、成功といったものを求めているとは限らないのです。

まずはその現実を知る必要があるでしょう。

自分の考えは間違っていない。

でも、若い世代の人たちの考えも間違っていない。

そもそも価値観が違う。

だから、押しつけ合ってはいけない。

相手が厳しく指導してもらうことを望んでいる場合だけ、自分のスタイルを貫けばいい。

そのように考えてみてはいかがでしょうか。必ずや、「仲間の壁」を取りはらうきっかけになってくれると思います。

周りの老害に配慮するコツ

◆折り合おうとする努力が価値観の溝を埋める

職場の上司や大先輩にSさんのようなタイプがいる場合は、**まずは価値観の違いを理解するように努めましょう**。

Sさんが間違っている、と決めつけるのではなく、自分の考えとSさんの考えは違う（善意で言ってくれている）、と認識することが何より大切です。

そして、年齢的に価値観を変えたり、時代の変化に対応したりするのが、難しいということもわかってあげてください。

そのうえで、今の時代は技術の消費期限が短くなっていること、出世や社会的成功、お金を稼ぐことなどに固執していないこと、でもやる気はあるということを、上司や大先輩にていねいに説明するといいかもしれません。

その人の考えや価値観を否定せず、あくまで自分はこうですという意思を示すにとどめるのならば、１００％の理解は無理でも、多少は歩み寄りの姿勢を見せてくれる人はいるでしょう。

それでもなお、**「おまえは何もわかっていない」と一刀両断されたら、今の時代にそれをやると訴訟されるリスクがあるということを、やんわりと伝える以外に方法はない**かもしれないですね。

できれば、そうなる前にうまく折り合える点を見つけられるといいのですが。

〜仲間の壁をつくりださないコツ&解決法〜

逆の立場になったことをつねに想像する努力を

家族ほどではないにせよ、仲間に対しても、甘えや油断は少なからずあるものでしょう。

だから、知らずしらずのうちに自分勝手になってしまっているかもしれません。それに気づくことができずに、マイペースを貫いていると、いつしか「仲間の壁」が生じることになります。

ですので、仲間と接するときは、相手の立場になったことを想像して、ものごとを考えてみましょう。

嫌だと感じることや言ってほしくないこと、その逆に、うれしいことやしてもらいたいこと――つまり、あなたがすべきことがきっと見えてくるはずです。

それを実践すれば、壁はなくなるのではないでしょうか。

◆これを徹底！

・相手の負担になっていないか配慮する
・かつての常識に頼りすぎないように
・自分でできることはなるべくする
・紙に絵や言葉を書いて情報を整理する
・自分がやられたら嫌なことはしない

第6章

社会の壁

あなたの生きづらさを加速させるもの

店員さんにイラッとしたときこそ冷静に

◆正義感の大暴走を止められない「老害」

私がよく利用するコンビニには、レジが左右に2つ並んで設置されています。混雑時には、レジの間にお客さんが一列に並び、最前列の人が空いたほうのレジに進んで会計を済ませるシステムです。

その日は混在する時間帯で、私が会計待ちの行列に並んだときはけっこうな長さになっていました。時間帯が時間帯なのでやむを得ないと思っていましたが、それにしても列がなかなか進みません。

前のほうに目をやると、**右側のレジで高齢女性が店員さんに向かって何やらまくしたてています**。「あなたが悪い」「あんな乱暴な渡し方はない」「声が小さい」

「謝り方がなっていない」といった言葉が聞こえてきました。

どうやら、お釣りを受け取る際に小銭を床にバラバラと落としてしまったようなのです。

店員さんは、アルバイト学生とおぼしき若い女性。何度も謝っていますが、この高齢女性の勢いは止まりません。

大声でずっと同じことをくり返しています。

当然、会計待ちの行列は伸びるばかり。列に並んでいるお客さんたちのイライラも、どんどん募っていきます。

私はこの高齢女性の行動を見て、「仕方がないのかな」と思いつつ、第三者がこの騒動に加わって、さらにやっかいな状況にならないかと心配になりました。

店員さん相手に憂さ晴らしをしていないだろうか……

店員さんに落ち度があったとしても、謝っている相手に怒り続けるのは考えもの。お店は自分だけの空間ではないということをつねに意識したい。

◆なぜ老害化が進むのか
店員さんにほとんど落ち度はないかもしれない

この高齢女性を仮にTさんとしましょう。大声でまくしたてることの是非はさておき、もしかしたら本当に店員さんのお釣りの渡し方が乱暴だったかもしれないので、Tさんのほうが悪いと決めつけることはできません。

いいがかりや理不尽なクレームではなく、実際にあった店員さんのミスを指摘している可能性があります。

その一方で、店員さんにほとんど落ち度はなく、**ていねいにお釣りを渡したにもかかわらず、Tさんが落としてしまった可能性も否定できない**でしょう。

というより、おそらくこちらが事実という公算が大きいと思います。

なぜなら、次のような理由が考えられるからです。

人間は50代になると手に持っている物の感覚が弱まり、70代からその傾向が顕著になります。すると、**物を落としやすくなる**のです（※1）。

また、65歳以上になると手先の感覚は若いころの半分になり、**物を持つ力は30％減少する**という報告もあります（※2）。

つまりTさんは、加齢による触覚の変化により「お釣りを乱暴に渡された」と感じ、そのうえで物を持つ力が落ちてきているので、うまく小銭をつかめず下に落としてしまったかもしれないのです。

そして、その後の店員さんの謝り方や声のボリュームに対して文句を言っているのは、Tさんの聴力に起因すると考えられます。

加齢にともなう聴力の衰えについては、P199ですでに触れたとおりです。

この店員さんは若い女性なので、真摯に対応していても、Tさんは「声が小さくて誠意が感じられない」と受け取ってしまったのかもしれません。

　このように、**Tさんがお釣りの渡され方を乱暴に感じるのも、小銭を落としてしまうのも、店員さんの声が小さく聞こえて誠意がないと感じるのも、その背景に加齢による身体変化がある**ことは論をまたないでしょう。

　無自覚のうちに、老害力はどんどんアップしていってしまっているのです。

　しかしいずれにせよ、小銭を落としてしまったあとの対応はやりすぎです。

　周囲の人たち（ほかのお客さん）への配慮が、著しく欠けています。

　こういう行動をくり返していたらいつの間にか「社会の壁」ができ、その厚みはどんどん増していくことになるでしょう。

老害にならないためのコツ

◆「もしかしたら自分にも原因があるかも」で大きく前進

コンビニのレジに限らず、お客さんがお店のスタッフともめているシーンを目にすることがあります。みなさんご自身、もしくは身近な人に心当たりはないでしょうか。

高齢者の場合、このTさんのように加齢にともなう身体変化が関連してくるケースもあるので、**自分にはいっさい非がないのか、本当の原因はどこにあるのか、ということを今一度考えてみる**ことをおすすめします。

店員さんの態度や口ぶりには納得がいかないけれど、自分がそう感じる理由、向こうにそうさせてしまう理由は、自分にもあるかもしれない――。

こう思うことができたらしめたものです。

「社会の壁」を壊す第一歩になるでしょう。

加齢による触覚や聴覚の変化は、自分では気づきづらいものであり、個人差もあります。

でも、**老いは誰にでも訪れるもの。それを自覚することができれば、無意味な衝突を避けることができるようになる**はずです。

老害レベルも着実に下げられます。

Tさんの場合、店員さんにそこまで強く当たらずに、コンビニを立ち去ることができたかもしれません。

加えて、自らの正義感に固執しすぎるのもよくないです。

明らかにお店側や店員さん側に非がある場合、それを指摘したり、正したりするのは構いません。

しかし、ものには程度というものがありますよね。

正義感の強い人は、やや粘着質といいますか、自分が正しいと思っていることをくり返し、徹底的に主張する面があります。

そしてそれが、周りに迷惑をかけている可能性があることを忘れてはいけません。

Tさんは、自分の正義を貫こうと一生懸命になっていたのでしょうが、その結果、会計待ちの列に並んでいるほかのお客さんの待ち時間を延ばすという事態をまねいてしまっています。

「逆の立場だったら」ということを考えると、周囲に与えた影響をありありとイメージできるのではないでしょうか。

なお、触覚が弱まっていくことは食い止められませんが、感覚を鈍らせないための工夫をすることならできます。

高齢者は肌が乾燥しやすく、それが物を触る感覚を鈍らせる一因になるので、ハンドクリームを塗るなどして保湿ケアに努めましょう。

とくに、肌の水分や油分が少なくなりやすい男性に効果的です。

周りの老害に配慮するコツ

◆振り上げた拳を無理なくおろしてもらうために

お客さん側ではなく、店員さんの立場だったらどう対応するのがベストでしょうか。

お店とお客の関係に限らず、自分の正義感を強く主張してくる高齢者と対峙するシチュエーションをすべて含めて考えてみましょう。

絶対にやってはいけないのが、相手（高齢者）がかざす正義を真っ向から否定することです。

もちろん、「間違っているのはあなたのほうです」や「その考え方は古くさいからやめたほうがいいですよ」などが典型的なNGワードになります。

先ほどのTさんのケースでいえば、店員さんが「お釣りはちゃんと渡しましたよ！」と反論するのはいただけません。

火に油を注ぐだけで、事態はさらに悪化してしまうでしょう。

大切なのは、折れることと降りることです。

自分は間違っていないと思っても、その意識をいったん封印し（折れる）、自分のほうが正しいとは思わず、へりくだって相手に受け入れてもらうようにする（降りる）と、正義感を主張する高齢者も振り上げた拳をおろしやすくなるでしょう。

こちらから、相手の老害力を下げるアプローチをすることは可能なのです。

◆高齢者にうまく話を伝える王道テクニック

Ｔさんにまくしたてられていたコンビニの店員さんは、しっかりこれを実践（謝罪）していました。

しかし、高齢者の聴力が弱くなっていること、しかも若い女性の言葉が聞き取りにくくなっていることが頭になかったため、声が小さく、態度がよくないと受け取られてしまいました。

そこを理解し、**Ｔさんにちゃんと伝わるように話していたら、状況は変わっていたかもしれません**ね。

正面からゆっくりと話しましょう。Ｐ１９９でもお伝えしたように、ただ大声で話すよりもそのほうが相手に伝わりやすくなります。

そして**この手のトラブルは、同世代間や知人間でも起こり得る**のでご注意ください。

Tさんのように自分の正義感を信じて疑わず、強く主張してくるタイプの人は「社会の壁」をつくりやすく、ささいなことがきっかけで突如絶縁を切り出してきたりします。

知り合いとの関係性が悪くなるのは気分のいいものではないので、**売り言葉に買い言葉にならないよう、折れることと降りることをつねに頭の片隅に置いて接していきたい**ですね。

焦っているときほど「視野を広く」を意識

◆悪意なき割り込みで他人の時間を奪う「老害」

私がたまに利用する総合ディスカウントストアは、いつも人でごった返しています。

土日ともなれば、つねにレジに行列の絶えない人気店です。

１年ほど前の日曜日、私がレジに並んでいるときのこと。**すでに会計を終えた高齢男性が、買った商品を袋に詰める台のエリアからレジに戻ってきて、店員さんにこう言いました。**

「ごめん。駐車券を渡すのを忘れてた」

このお店の駐車場は、退場時に駐車券を入れるとゲートが開く方式で、商品会計時に駐車料金が無料になるサービスを受けるための処理をしてもらう必要があります。

男性は、それを忘れていたのです。

店員さんは、別のお客さんの会計中でしたが、いったん手を止めて、駐車券を機械に通していました。

れっきとした割り込み行為ではあるものの、やってしまいがちなことでもあるので、私はとくに気になりませんでした。

おそらく、列に並んでいるほかのお客さんも同じだったと思います。

しかし、**この男性は、やにわに次の一手をくり出してきたのです。**

「あとさ、レジ袋も足りなくなりそうだから、Mサイズをもう一枚ちょうだい」

これには、一瞬にして周囲が凍りつきました。

さすがにそれはないでしょ、と。

店員さんも無視するわけにはいかず、「Mサイズは一枚4円になります」と言ってレジ袋を用意しました。

すると男性は、小銭を切らせていたようで、「これしかない」と財布から千円

駐車券処理忘れなど
やむを得ないときは謙虚な姿勢で

接客中の店員さんに、忘れていた駐車券のサービス処理やレジ袋の買い足しをお願いするのは立派な割り込み行為。無意識にやりがちな人は要注意。

札を取り出しました。

そして笑いながら、**続けてこう言い放ったのです。**

「レジ袋有料化とか面倒くさいよな。タダになんないの？」

このひと言に対しては、さすがの私も苦笑せずにはいられませんでした。

◆なぜ老害化が進むのか

その無意識の行動が誰かに迷惑をかけているかも

前項で紹介したエピソードの延長線上のような話ですね。

レジの店員さんと高齢客をめぐるトラブルの第二弾。しかしながら、おもむきは少々異なります。

こちらは、店員さんを叱っているわけでも、クレームを言っているわけでもありません。

駐車券の処理やレジ袋の購入という、**客としてごく自然の行為をしているだけ**のことです。

問題なのは、列に割り込み、並んでいるほかのお客さんたちを待たせてしまっていること——この一点に尽きます。

もちろん、この高齢男性（Uさんとします）に、悪意はありません。列に割り込んでいるという意識は、間違いなくないでしょう。レジ袋ではなく、普通に売られている商品を買い足す場合であれば、Uさんもしっかり列に並び直すはずです。

しかし、駐車券の処理やレジ袋の買い足しは、新たな買い物とは認識していません。

P98で述べたように、**高齢者の視野は狭くなるので、レジにずらっと並ぶ行列が目に入っていない可能性もあります。**

となれば、周りに迷惑をかけているということには、いつまでたっても気づかないでしょう。

言わずもがな、店員さんやほかのお客さんとの間に、「社会の壁」ができてしまっていることも。

◆老害にならないためのコツ 周りの客をイライラさせないためには

この「会計後駐車券」や「会計後レジ袋」のような行為は、高齢者に限らず誰もが無意識にやってしまいがちなので、読みながらハッとした人もいるのではないでしょうか。

申し訳なさそうにしているならば、周りにも仕方がないと思ってもらえるでしょうが、当然のように振る舞うのはよくないです。

よって、自分の都合だけを考えず、相手や周囲の人たちのことにまで意識を向ける――これを頭の片隅に置いておくことが重要です。

割り込みではなくても、知らずしらずのうちに高齢者はレジで後ろを待たせてしまうことがあります。

最新式のレジのシステムについていけなかったり。

財布からお札や小銭をスムーズに取り出せなかったり。

「最近、年とっちゃって、嫌ねぇ」などと店員さんに話しかけたり。

当然、悪いことはひとつもないので、**必要以上に気にしなくてもいいのですが、世の中には心ない人もいます**からね。

高齢者のそういう行動に、イライラする人もいるということだけは、意識しておいたほうがいいかもしれません。

安心して、落ち着いて買い物をしたい場合は、お店が混雑する時間を避けて利

用するというのもひとつの手でしょう。

例えばスーパーで夕飯の食材を買うのなら、夕方は混むので、14〜15時くらいに済ませてしまう、というようなあんばいです。

空《す》いていれば店員さんにゆっくり対応してもらえますし、アットホームなお店ならおしゃべりに付き合ってくれるかもしれません。

◆周りの老害に配慮するコツ
自由すぎる高齢者にはやさしく、ていねいに

お店でUさんのような人に遭遇した場合、あなたがお客さんの立場だったら、老いハラ目線を向けず、温かい目で見守ってあげましょう。

そもそも悪気はないうえに、お年を召《め》して、物理的にも心理的にも、視野が狭くなっている可能性があると思えば、イライラはだいぶ抑えられるはずです。

あとはお店側に任せればOK。度が過ぎる場合は、店員さんが注意してくれた

り、別のレジを開放してそちらに列を誘導してくれたりするでしょう。

あなたがお店側の立場だったら、無意識の割り込みが発生しないような環境づくりをする（もしくは上司にそう進言する）ことをご検討ください。

こちらも前述したように、高齢者は論理的思考が苦手ですから、言葉で説明することは推奨できません。

求められるのは、ルールや注意点の〝見える化〟です。

そもそも割り込みをしづらい配置やシステムを採用したり、列の並び方や優先順位などをわかりやすく図で説明したり、大きな文字や絵で支払い方法のマニュアルを示したファイルをあらかじめ用意したり。

やれることはたくさんあると思いますし、**これからさらに加速していく社会の高齢化のことを考えたら、必要不可欠の対策になってくる**はずです。

お客さんとの関係がよくなり、お店の評判が上がり、「社会の壁」がなくなっていけば、最高の状況といえるのではないでしょうか。

若い人たちとは「教えられてきた常識」が違う

◆お客も高齢者も敬われて当然と信じて疑わない「老害」

これは友人のVさんから聞いた話です。

Vさんがある平日の昼下がり、駅前のファミリーレストランで、遅めのランチをとっていたときのこと。

高齢の二人連れの女性が入店してきて、隣のテーブル席に座りました。

ほどなくして、「すみません。ちょっといいかしら」と店員さんを呼び出し、何やら質問をしている様子。ああでもない、こうでもないと、くり返しやり取りをしていたといいます。

どうやら、**タッチパネルの操作方法がわからなかった**ようです。

そのファミレスは、テーブルに設置されているタブレットから、タッチパネル方式ですべての注文を行えるようになっていました。

しかし結局、**二人ともシステムや操作方法をしっかり理解できず、口頭での注文を希望していました。**

そして、店員さんが口頭による注文を受け付け、テーブルをあとにするやいなや、二人は話し始めたそうです。

「口頭で注文できるのなら、最初からそうしてくれればいいのにねえ」

「なんでもかんでも新しくして、年寄りなんて来なければいいと思っているのよ」

「そうねえ。高齢者を敬《うやま》う姿勢が足りないわよねえ」

「お客様は神様なのに、なんだと思っているのかしら」

「責任者を呼んで、ひと言伝えてあげる?」

「いいわよ、そこまでしなくても。どうせ理解できないいんだから」


隣で聞いていた(というより、聞こえてきてしまった)Vさんは思いました。

お二人のいわんとすることはわかる。でも、高齢者を敬う姿勢が足りないとか、お客様は神様とか、それはさすがに大げさすぎるのではないかと。

店員さんは、ていねいに説明していましたし、口頭による注文にも快く対応していました。

終始笑顔で、接客態度は完璧だったと思います。

だからこそVさんは、この二人の会話がとても残念に感じたそうです。

顧客サービスに力を入れている お店の気持ちも理解しよう

お客は神様というわけではないし、高齢者は敬われて然るべきでもない。そこを勘違いしていると、ほぼ確実に老害として煙たがられることになる。

なぜ老害化が進むのか

◆「お客様は神様です」の本当の意味を理解する

「お客様は神様です」

これは演歌歌手の三波春夫さんが残した名言で、その後に漫才トリオのレッツゴー三匹さんが広めたとされているフレーズですが、三波さんの真意とかけ離れた使い方をされるシーンが多いように感じます。

三波さんにとってのお客様＝神様は、自分の歌を楽しんでくれる聴衆・オーディエンスのことであり、神前で祈るときと同じように歌に真摯に打ち込むべく、自らを鼓舞するためにこのように表現したとのことなのです。

お客様は神様なんだから、店員や取引先に何を言っても構

わない――では断じてありません。

でも、意味合いが誤って解釈されるかたちで世間に広まってしまいました。

だから、**三波さんやレッツゴー三匹さんと同じ時代を生きてきた高齢者が、クレームの正当性を主張するために、このフレーズをよく口にする傾向にあるのだ**と思います。

タッチパネルによる注文方式の導入は、ヒューマンエラーの防止やコストカットを目的とする企業努力の一環であり、高齢者を排除しようとしてのものではありません。

「お客様は神様なのだから、元のシステムに戻せ」というような主張は、筋違いにもほどがあるでしょう。

年長者に対する敬意を強要するかのような姿勢は、もしかしたら「**自分は普段からあまり敬われていない」という意識の表れ**かもしれません。

仕事をリタイアしたり、子育てはおろか孫の世話の必要もなくなったりして、**自らの社会における存在意義を感じられなくなった――その無力感の裏返しの行為**という可能性もあるでしょう。

世間では一般的に「高齢者を大切にすべき」と認識されているので、**自分を守ろうとするため**に、それを拡大解釈しているとも考えられます。

もちろん、程度が甚だしくなれば、そこに「社会の壁」が生まれることになります。

◆老害にならないためのコツ 世代間の価値観のズレは宗教観の違いに等しい

まず、「お客様は神様」という言葉の真意を誤って理解していた人は、その認識を改めましょう。

お店側にとってお客様は大切な存在ですが、神様ではないですし、ささいなことでクレームを言ったり、理不尽なことを主張したりする権限はありません。

その点は、はき違えないようにしたいですね。

とくに、実際にこのフレーズを口にしたことのある人は、老害レベルが総じて高い可能性があるので要注意です。

タッチパネルによる注文方式も最初は戸惑うかもしれませんが、覚えようという姿勢でチャレンジしていけば、すぐに使いこなせるようになると思います。

要は慣れの問題でしょう。

スマートフォンのことを思い返してみてください。

登場した当時は、「年寄りには無理」と思っていたのではないでしょうか。

でも、今は普通に持っていて、あたりまえのように使っているはずです。それと同じと考えれば、タッチパネルもいずれ身近な存在になることでしょう。

年長者を敬うべきというのは、儒教に基づく思想ですが、これに関しては世代によってとらえ方に温度差があります。

現在の高齢者は、そのような教育を受けてきました。

しかし、若い人たちは違います。儒教思想の強い教育を受けてきていません。

だから、**お年寄りは大切にしようという気持ちがあっても、過度に敬意を払おうとは思っていない**のです。

「若い人たちは非常識」ではなく、そもそも「若い人たちとは教えられてきた常識が違う」のです。

宗教の異なる人たちにお互いの教えを説いても通用しませんよね。

大げさではなく、それと同じくらい考え方に違いがあると認識しましょう。

◆周りの老害に配慮するコツ
黙ってもらいたいときに有効な最終手段的裏ワザ

では、客は絶対という姿勢を示し、年長者への敬意を強要してくるタイプの高齢者には、どのように対峙《たいじ》すればいいでしょうか。

基本的に、否定をしてはいけません。

自分たちとは価値観が違うとか、あなたのほうが間違っているとか、そういう主張を述べるのはやめましょう。

よけいに波風を立てることになり、「だから若者はなっていない」となりかねません。

両者の間に存在する壁は厚くなるばかりです。

こちらから説明したり、説得したりしてわかってもらうのは難しいので、**うまくなだめて、上手にいなして、やりすごすしかありません。**

それを理解したうえで、**荒療治的におすすめしたいのは、決定権のある人、上の立場にいる人、大柄な人などを味方につける作戦**です。

このタイプの高齢者は、弱い立場にいる人には強気になり、力を持っている人の前ではおとなしくなる、という特徴があります。

あと不思議なことに、体の大きな人の前でも静かになりやすい傾向にあります。

スーパーやファミレスで一般の店員さんを相手にガミガミと文句を言っていたのに、ガタイのいい店長さんが出てきたら急にトーンダウンする——これが典型例といえるでしょう。

受付の事務員さんの指示は聞かないのに、同じことを医師に言われると素直に従うというケースも、私の身近ではよく見かけます。

ある種の〝病院あるある〟です。

いつも都合のいいシチュエーションが訪れるわけではなく、タイミングを合わせるのも難しいかもしれませんが、**可能な限り〝強い味方〟についてもらうようにしましょう。**

「お客様は神様」を実際に口にするような高齢者に対しては、これが最も効果的な方法になります。

移り変わる一般常識を知るたびに老害レベルが下がる

◆大勢の人が利用する場でルールとマナーを守れない「老害」

「隣にいたおじいさんとおばあさん、食べたものを片づけないで帰っちゃったね」

一緒にいた友人が私に指摘してきました。

場所は大型ショッピングモールのフードコート。この友人と二人で昼食をとっていたときのことです。

隣のテーブルで食事をしていたご夫婦とおぼしき高齢の男女が、食器などが載ったトレーをテーブルに置いたまま、まさに席をあとにした瞬間の出来事でした。


ショッピングモールのフードコートですから、基本的にすべてセルフサービスです。食べ終わった食器類、紙コップ、割り箸や紙ナプキンなどは、返却口もしくは料理を購入した店舗に自分で運ぶ必要があります。

次にそのテーブルを使う人のために、ティッシュやおしぼりなどできれいにすることも、最低限のマナーでしょう。

もちろん、このショッピングモールもそのようなシステムでした。

しかし、隣の席にいたご夫婦（おそらく）は、全部置きっぱなしにして去っていきました。

しかもよく見ると、**テーブルの上は食べていた麺類の汁がはねて、かなり汚れていました。**

「**品のある感じのごく普通の人たちに見えたのに、**なんでこんなことをしてしまうんだろうね。重ね重ね、残念だなぁ」

友人は、この一件にちょっとがっかりしていました。

◆ なぜ老害化が進むのか

高齢者を置いてきぼりにするルール&マナーの変化

この高齢の男女におそらく悪意はなく、マナーに反していることをしたとは少しも思っていないでしょう。

お店のルールがわからないときは周りのお客さんを見習って

最近はセルフサービスのお店が増えてきた。大型商業施設のフードコートはそれが基本。食器の片づけまでちゃんとしないと周りから白い目で……。

彼らがフードコートのテーブルを汚し、食器類を置いたまま去ってしまったことに対しては、２つの理由が想像できます。

まずは、フードコートのルールの認識不足です。

今の高齢者が若いころは、フードコートのような施設は少なく、セルフサービスが一般的な社会のルールとして浸透している時代でもありませんでした。

レストラン、居酒屋、ラーメン店など、普通の飲食店は、店員さんが食器を片づけてくれますよね。

その常識が体に染みついているので、フードコートでも同じようにふるまってしまっている可能性はおおいにあるでしょう。

前項で述べたように「お客様は神様」を勘違いしがちな世代でもあるので、よけいに「自分たちでやろう」という思考にブレーキがかかってしまっている状態であるとも考えられます。

次に考えられるのは視力の衰えです。

麺類の汁がテーブルにはねてしまっている状態を、見落としているのではなく、そもそも見えていない可能性があります。

見えていないから、気にならないし、気にしない。当然「汚れを拭こう」とか「きれいにしよう」といった意識は働きません。

白内障の手術を終えて帰宅した私の患者さんから、「自分の家がこんなに汚れているとは思わなかった」という話はよく聞きます。

目がちゃんと見えていないと、汚れにはなかなか気づかないものなのです。

いずれにせよ、大勢の人が利用する場を汚したり、マナーを守らなかったりする高齢者に、その認識はありません。

でも、それをはたから見ている若い世代は、非常識に感じてしまいます。

そうして、「社会の壁」がつくり上げられていくのです。

◆老害にならないためのコツ 常識も体も日々刻々と変化することを忘れずに

先ほどのフードコートのエピソードを受け、ドキッとした人がいたら、場所によってルール&マナーの常識が変わってきていることを、いま一度理解するように試みてみましょう。

フードコートに限らず、セルフサービスが基本になっている飲食店は増えてきました。

明文化されておらず、わかりにくい場合もあるでしょうが、**若い人に聞いたり、ほかのお客さんの動きを観察したりしながら、把握するように努めるといい**かもしれません。

例えばミスタードーナツは、食べ終えたあとに発生する紙ごみやティーカップをトレーに載せて返却口に運べばＯＫですが、マクドナルドの場合は、そのうえでドリンクの飲み残しを捨てたり、プラごみと紙ごみを分別したり、ということをお客さん側にやってもらうように求めています（近くに店員さんがいれば、代わりにやってくれますが）。

その違いを一つひとつ覚えるは大変でしょう。

でも、知っておいて損をすることはありません。

むしろ、若い世代の人たちとの距離を縮め、社会の壁を取り払うきっかけになってくれるでしょう。

さらに、**視力の低下にも注意しておきたい**ところです。

高齢になると、自分では気づかないうちに、汚してしまったり、それをそのままにしてしまったり、ということが起こり得ます。

とくに、不特定多数の人が利用する場では気をつけましょう。

フードコートのような場所では、スタッフの清掃が入らずに、そのテーブルを次の人が使うシチュエーションが当然のように発生します。

席を立つ際はきれいにする――つねにこれを念頭に置いて、みんなが気持ちよくその施設を利用できるようにしたいですよね。

◆周りの老害に配慮するコツ 問題解決の糸口は責めずに気づかせてあげること

もし、**周りに大勢の人が利用する場でルールやマナーを守れていない高齢者がいたら、さりげなくひと言アドバイスするのもひとつの策**としてはいいかもしれません。

世代差による価値観の違いをアピールすると、高齢者のほうがカチンときて、対立の構図ができかねませんが、この場合は心配いりません。

なぜなら、そのルールやマナーを知らなかったり、気づいていなかったりするだけだからです。

正しいと思ってやっていることを否定されたわけではないので、ちゃんと聞く耳を持ってくれるでしょう。

その際に**意識すべきは、責めないことと、厳しい口調にならないことです。あきれたり、馬鹿にしたような態度をとったりしないことも大切**です。

上から目線ではなく、同じ目線で語りかけましょう。

「ここのお店、食べ終わったあとの食器を自分で返却口まで運ぶ必要があるみたいですよ」

このように、あたかも自分も今知ったかのような口ぶりで説明すれば、角《かど》は立ちません。きっと、「あら、そうなの。ありがとうね」という感謝の言葉が返ってくるはずです。

お店側としては、セルフサービスであることをわかりやすくするために、ていねいな文言でルールをまとめた張り紙をしたり、テーブルの色を汚れに気づきやすい白系にしたりするなどの対策をとれば、高齢者トラブルは少しずつ減らせると思います。

とにもかくにも、「高齢者はやらないのではなく知らない」を前提に、配慮の行き届いた環境づくりに取り組むことが望ましいですね。

自分の体だけでなく時代の変化にも対応できるように

～社会の壁をつくりださないコツ＆解決法～

大規模商業施設や公共の場など、不特定多数の人が利用する場所は、時代の流れにともなって、ルールや常識が日々変わってきています。

新たな機械やシステムが導入されるのも日常茶飯事です。

このような状況に鑑み、今の高齢者世代の常識は、もしかしたら通用しない可能性があると、最初から疑ってみたほうがいいかもしれません。

そうすれば、変化に気づきやすくなり、社会の壁をつくらずに下の世代の人たちと良好な関係を築くことができるでしょう。

そのうえで、体や五感の変化（衰え）を受け入れることも大切です。自分ができているつもりでも、実際はできていないことがある——その意識を持つことができれば、さらに折り合いをつけやすくなると思います。

◆**これを徹底！**

・視野を広くすることをつねに意識する
・自分の行動が迷惑になっていないかを考える
・社会のルールの変化に敏感になる
・価値観の違いは対立ではなく歩み寄りで解決へ
・体や五感の変化（衰え）を受け入れる

あとがき

ここまでお読みいただき、ありがとうございます。

この本を読んでいるみなさんは、もれなく「老害にならないようにしよう」という高い意識を持っているはずです。

その時点で、ものすごく真面目な人といえます。

そして、ここまで読んでいるということは、私が考える「老害の人」にならないコツに、ひととおり触れたということ。すべてを頭にインプットできていなくても、ある程度は理解され、実行に移す準備ができていることでしょう。

この本で紹介してきたコツは、すべてをやらなければいけない、というものではありません。また、書かれていることをそっくりそのまま実行すればいい、というものでもありません。

あくまで、老害にならないためのヒントであり、きっかけづくりの方法であり、この世にいくつも存在するであろう正解のひとつです。だから、それらを参考に、状況に応じて自分なりにアレンジして、対処していただきたいと思います。

行動や言動にほんの少し気をつけるだけでも、「老害」と呼ばれるその他大勢の高齢者とは、まったく違った目を向けられるようになるでしょう。

みなさんが老害にならないために励み、周りの人たちが高齢者（とくに加齢変化）に対する理解を深めたら、トータルとして社会全体のシステムがよりよくなっていくはずです。

個人の努力で変えられることには限界があります。みんなが同じ方向に向かって歩を進めることによって初めて、高齢者が生きづらさを感じない社会になっていくと、私は信じています。

それが実現すれば、年齢や性別を問わず、すべての人が幸せな生活を送れるようになるはずです。

それが私のいちばんの願い――この思いが変わることはありません。

参考文献

【第１章】

●高齢者が同じ話を何度もくり返してしまう本当の理由

1）佐藤眞一ら：よくわかる高齢者心理学　ミネルヴァ書房

【第２章】

●老害激増の裏にひそむ広範囲にわたる理由

1）内閣府　令和２年交通安全白書　令和元年度　交通事故の状況及び交通安全施策の現況　特集「未就学児等及び高齢運転者の交通安全緊急対策について」第１章第３節　高齢運転者の交通事故の状況

●高齢者の「やる気」をめぐるやむなき実情

2）濵﨑裕子：認知症高齢者への環境介入　転居先でその人らしく住み続ける認知症の人の事例分析を通して　長崎国際大学論叢　2010; 10: 139-147

●「やる気」の前に立ちはだかる幾多のハードル

3）東京都健康長寿医療センター研究所、東京大学高齢社会総合研究機構、ミシガン大学：中高年者の生活と健康　No.4 2014

4）和田博美ら：高齢者の時間感覚に関する研究　北海道高齢者問題研究協会　2001; 17: 79-85

【第３章】

●「若くありたい」と「実際に若い」の大きな違い

1）J Pers Soc Psychol. 1994 Aug; 67(2): 278-86. doi: 10.1037//0022-3514.67.2.278. The five-factor model of personality as a framework for personality-health research G N Marshall 1, C B Wortman, R R Vickers Jr, J W Kusulas, L K Hervig / Age (Dordr). 2006 Dec; 28(4): 353-61. doi: 10.1007/s11357-006-9024-6. Epub 2006 Nov 29. Do personality characteristics predict longevity? Findings from the Tokyo Centenarian Study Y Masui, Y Gondo, H Inagaki, N Hirose

●有効視野が狭くなると思考の柔軟性までが落ちる

2）J Gerontol B Psychol Sci Soc Sci. 2012 Jul; 67(4): 405-12. doi: 10.1093/geronb/gbr116. Epub 2011 Nov 1. Impaired attentional disengagement in older adults with useful field of view decline Joshua D Cosman 1, Monica N Lees, John D Lee, Matthew Rizzo, Shaun P Vecera / Int J Environ Res Public Health. 2022 Jul 21; 19(14): 8841. doi: 10.3390/ijerph19148841. The Effects of Self-Perceived Parenting Attitudes on Visuo-Spatial Attention and Mental Rotation Abilities among Adolescents Sangyub Kim 1, Yeonji Baik 2, Kichun Nam 3

● 非老害の〝お手本〟に寄せていく努力と工夫がカギ

3）公益財団法人　健康・体力づくり事業財団　認知症を理解する人格の変　化　https://www.health-net.or.jp/tairyoku_up/chishiki/ninchisyou/t03_08_02_04.html ／榎本博明：高齢者の心理　家計経済研究　2006; 70: 28-37

【第4章】

● 無意識のうちに家族に甘えすぎていないか

1）冨田寛：味覚障害の疫学と臨床像　日本医師会雑誌　2014; 142(12): 2617-2622
2）福永曉子ら：マウス有郭乳頭における味細胞特異的タンパク質の発現および分裂細胞の動態のライフステージによる変化 日本味と匂学会誌 2003; 10(3): 635-638
3）Schiffman SS: Taste and smell losses in normal aging and disease. JAMA 1997; 278(16): 1357-1362（諸説あり）
4）近藤健二：嗅覚・味覚　耳喉頭頸　2012; 84(8): 552-558
5）厚生労働省　健康日本21（第二次）分析評価事業　主な健康指標の経年変化　栄養摂取状況調査　亜鉛摂取量の平均・標準偏差の年次推移
6）日本食品標準成分表2020年版（八訂）
7）織田佐知子ら：照明の種類が食物のおいしさに与える影響　実践女子大学　生活科学部紀要　2011; 48: 13-18
8）永易あゆ子ら：料理と盛り付け皿の色彩の組み合わせが視覚に及ぼす影響　白内障模擬体験眼鏡による検討　日本調理科学会大会研究発表要旨集　2012; 24: 55

● デリケートな臭い問題は家族でも指摘しづらい

9）榊原隆次ら：排泄障害　老年精神医学雑誌 2015 ; 26(増刊 -1): 89 -98
10）Schubert CR et al: Olfactory impairment in an adult population the Bearver Dam Offspring study. Chem Senses 2012 37(4): 325-334
11）Quandt SA et al. : Dry mouth and dietary quality among older adults in north Carolina. J Am Geriatr Soc 2011; 59(3): 439-445
12）厚生労働省　平成17年歯科疾患実態調査結果について
13）Outhouse Tl et al. : Tongue scraping for treating halitosis. Cochrane Database Syst Rev 2006 19; (2): CD005519.
14）塚本末廣ら：唾液腺マッリージと嚥下体操が嚥下機能に与える影響　障害者歯科　2006; 27(3): 502
15）Munch R et al. : Deodorization of garlic breath volatiles by food and food components. J Food Sci 2014; 79(4): C526-533
16）Lodhia P et al. : Effect of green tea on volatile sulfur compounds in mouth air. J Nutr Sci Vitaminol 2008; 54(1): 89-94
17）Walti A et al. : The effect of a chewing-intensive, high-fiber diet on oral halitosis: A clinical controlled study. Swiss Dent J 2016; 126(9): 782-795

●なんでも他人任せにするのは悪手中の悪手

18）鎌田昌子ら：高齢者の買い物行動・態度に関する検討（1） 生活科学研究 2012; 34: 15-26

19）6）消費者庁 平成28年版消費者白書

【第5章】

●古い記憶は美化されやすいことを肝に銘じる

1）Shlangman S et al. : A content analysis of involuntary autobiographical memories: examining the positivity effect in old age. Memory 2006; 14(2): 161-175

2）Rubin DC et al. : Things learned in early adulthood are remembered best. Memory & cognition 1998; 26(1): 3-19.

3）Bourgeois MS et al. : A Comparison of training strategies to enhance use of external aids by persons with dementia. Journal of Communication disorders 2003; 36; 361-378

4）田高悦子ら：認知症高齢者に対する回想法の意義と有効性：海外文献を通して 老年看護学 2005; 9(2): 56-63

●「人のふり見て我がふり直せ」が模範解答

5）大塚結喜ら：高齢者のワーキングメモリ ー前頭葉仮説の検討ー Japanese Psychological Review 2005; 48(4): 518-529 / Psychol Sci. 2015 Apr; 26(4): 433-43. / Trends Cogn Sci. 2002 Sep 1; 6(9): 394. doi: 10.1016/s1364-6613(02)01957-5. New visions of the aging mind and brain Patricia Reuter-Lorenz 1 / 大塚一徳ら：高齢者におけるワーキングメモリの処理機能の低下 日本認知心理学会発表論文集 2013 (0), 47-47, 2013

6）加藤公子：脳磁図による前頭葉機能の加齢変化の検討 https://www.ncgg.go.jp/ri/news/documents/2010wktsaiyushu.pdf / Neuroimage. 2023 Aug 1: 276: 120207. doi: 10. 1016/j.neuroimage. 2023. 120207. Epub 2023 May 30. Age-related reduction in trait anxiety: Behavioral and neural evidence of automaticity in negative facial emotion processing

●否定をするなら相手の意見を聞いてから

7）松田実：認知症の症候論 高次脳機能研究 29（3）：312-320, 2009

8）シーナ・アイエンガー 選択の科学 文藝春秋

●聴力と短期記憶力を過信すべからず

9）内田育恵ら：全国高齢難聴者数推計と10年後の年齢別難聴発症率：老化に関する長期縦断疫学研究より 日本老年医学会雑誌 2012; 49(2): 222-227

10）齋藤静ら：高齢期の生きがいと適応に関する研究 現代社会文化研究 2008; (41): 63-75

11）西本浩之ら：眼瞼下垂手術における Goldmann 視野計による視野評価とその有用性 眼科手術 2009; 22(2): 221-224
12）加茂純子ら：英国の運転免許の視野基準をそのまま日本に取り入れることができるか？：眼瞼挙上術と視野の関係から推察　あたらしい眼科 2008; 25(6): 891-894
13）May, C. P., Rahhal, T., Berry, E. M., & Leighton, E. A. (2005). Aging, source memory, and emotion. Psychology and Aging, 20(4), 571-578

●親しさは距離感を詰める理由にはならない

14）PeerJ. 2018; 6: e5278. Published online 2018 Jul 25. doi: 10.7717/peerj.5278 PMCID: PMC6064197 PMID: 30065878 Effects of age on the identification of emotions in facial expressions: a meta-analysis Ana R. Gonçalves,corresponding author1 Carina Fernandes, 1, 2, 3 Rita Pasion, 1 Fernando Ferreira-Santos, 1 Fernando Barbosa, 1 and João Marques-Teixeira1
15）日本精神神経学会 日常臨床における自殺予防の手引き　平成 25 年 3 月版
16）Trends Cogn Sci. 2016 Aug; 20(8): 618-628. doi: 10.1016/j.tics.2016.06.002. Fiction: Simulation of Social Worlds Keith Oatley（フィクション全般が効果あり）
17）David CR, et al. People over forty feel 20% younger than their age: subjective age across the lifespan. Psychon Bull Rev. 2006; 13: 776-780

●自信を持つのは悪くないが出しすぎには注意

18）厚生労働省　日本人の食品摂取基準（2015 年版）の概要

【第 6 章】

●店員さんにイラッとしたときこそ冷静に

1）内田幸子ら：高齢者の皮膚における温度感受性の部位差　日本家政学会誌　2007; 58(9): 579-587
2）Ranganathan V K et al. Effects of aging on hand function J. Am Geriatr Soc 49 1478-1484, 2001

「老害の人」にならないコツ

発行日　2024年5月21日　第1刷

著者　平松 類

本書プロジェクトチーム

編集統括	柿内尚文
編集担当	小林英史
編集協力	岡田大、小林誠、田代貴久（キャスティングドクター）
カバーイラスト	高安恭ノ介
本文イラスト	mona
カバーデザイン	小口翔平＋青山風音（tobufune）
本文デザイン	菊池崇＋櫻井淳志（ドットスタジオ）
校正	植嶋朝子
営業統括	丸山敏生
営業推進	増尾友裕、綱脇愛、桐山敦子、相澤いづみ、寺内未来子
販売促進	池田孝一郎、石井耕平、熊切絵理、菊山清佳、山口瑞穂、吉村寿美子、矢橋寛子、遠藤真知子、森田真紀、氏家和佳子
プロモーション	山田美恵
講演・マネジメント事業	斎藤和佳、志水公美
編集	栗田亘、村上芳子、大住兼正、菊地貴広、山田吉之、大西志帆、福田麻衣
メディア開発	池田剛、中山景、中村悟志、長野太介、入江翔子
管理部	早坂裕子、生越こずえ、本間美咲
発行人	坂下毅

発行所　株式会社アスコム

〒105-0003
東京都港区西新橋2-23-1　3東洋海事ビル
編集局　TEL：03-5425-6627
営業局　TEL：03-5425-6626　FAX：03-5425-6770

印刷・製本　日経印刷株式会社

Printed in Japan ISBN 978-4-7762-1340-6